だいわ文庫

ニューヨークの
美しい人をつくる
「時間の使い方」

エリカ

大和書房

「今日も何の変化もない、
長～い一日だった…」

どこか退屈に感じながら電車に揺られて
帰途につく日々を送っていたのに、
師走《しわす》が押し迫ると
「今年もアッという間に過ぎてしまった！」
と、間もなく終わろうとしている
一年の早さに驚くことがあります。

「一日は長く」
「一年は短く」感じられる。
同じスピードで地球は回転し、
同じ速さで時は流れているのに、
このように感じるのはどうしてなんだろう。

そんなふうに、漠然とした思いを
抱いたことはありませんか？

HOW TO USE TIME EFFECTIVELY

時間は永遠に流れるものですが、自分の時間は限られています。

たとえば、一日が長く感じられるのは、
「今日が人生最後の一日かもしれない」という危機感がなく、
「明日も明後日も、自分の毎日はいつまでも同じようにずっと続く」と
無意識に思ってしまっているからなのです。

一方、大みそかに「今年一年が本当に早かった」と感じるのは、
自分に与えられた一年という限られた時間の終わりを実感するからです。

人は「限りがある」こと知り、感じることで、
それを大切に愛おしく想いはじめるのですね。
もし、今日という一日に限りがあることを意識しながら生活することができれば、
退屈な日常の中にも小さなときめきや感動を見つけたり、
「今日も頑張った！」という充実感を抱いたりすることでしょう。
今日という日を大切に生きた実感に包まれながら、
電車に揺られて帰途につくことでしょう。

一分一秒が過ぎていくということは、
一分一秒終わりに近づいているということです。
その終わりを意識するから、「今」を大切に生きていけるのですよね。

「今」という時間は明日にはもうありません。
同じ三分でも、今の三分と明日の三分はまったく違います。
たとえば、今、通りの向こうに友人の姿を見かけたとします。

HOW TO
USE TIME
EFFECTIVELY

手を振って挨拶できたのに、また今度と知らん顔してしまった。
そして、その時は二度と来なかった。
三分がこのように、決定的な分かれ道になることだってあり得ます。
いつでも見つけられる三分ですが、今の三分と同じ時間はどこにも無いのですよね。

私はニューヨークに移り住み、日本とはまったく違う環境に適応することに毎日必死で、「時」を大切にすることに気づかず日々を過ごしていました。
「また後で、また今度」、そんな後回しの中で失ったものがどれほど貴重であったのか、数年後に気づきました。

時間は、生まれたときに最初に与えられた人生最大のプレゼントです。
時間は、人生であり命です。それをどう使うかは自分次第なのですよね。
最高の幸せとは、一日の終わりに「今日も幸せな一日だった」と思えることです。
これはすなわち、満ちたりた時間の使い方をしたということ。
充実した時間が、自分の心を満たしてくれたということなのですよね。

この本では、
私がニューヨークで出会った人々から学んだ、
自分の時を輝かせる方法をお届けしたいと思います。

時間を輝かせて、輝く人生、
輝く自分を実現していきましょう！

ニューヨークの美しい人をつくる「時間の使い方」

contents

第1章 まずは、自分のための時間をつくり出す

Make time for myself

第2章 自分をよく知り、大切にする時間

Make time for myself

第3章 将来につなげる時間

Make time for myself

第4章　何かを見出す時間

Make time for myself

第5章 女としての自分を楽しむ時間

Make time for myself

第6章　大切な人に捧げる時間

Make time for myself

第1章

まずは、
自分のための時間を
つくり出す

MAKE TIME FOR MYSELF

HOW TO USE TIME
EFFECTIVELY

時間は「自分の幸せ」のために使うもの

太陽の日差しが初夏を感じさせるある日、カバンの中の携帯電話が何度も振動していることに気づきました。

私が歩いていたミッドタウンの大通りは、タクシーのクラクションや救急車のサイレンの音がけたたましく、電話を取るには不向きでした。どこか静かな場所はないかと周囲を見渡している間も、携帯電話はジージーと音を立てて激しく揺れています。私は肩にかけていたカバンを地面に下ろし、底にうもれていた携帯電話を引っ張り出しました。

着信は、バケーションに行ったはずの友人、エレーナからでした。彼女は輸入業で成功を収めていて、ふたりの子どものママでもあり、仕事と子育てを見事に両立させています。大急ぎでエレーナに電話をかけ直そうとしたそのとき、ふたたび電話がかかってきました。

「エリカ、今どこ？」

唐突な質問から会話が始まりました。子どもたちが夏風邪をひき、旅行の出発が延期になったので、ランチを一緒に食べようというお誘いでした。

捕まえるまで追いかける、ハンターのような彼女の行動に感心しながら、こんなことでもないと3カ月も会えなかったことに気づきました。

久しぶりの近況報告を兼ねたランチは、時間に追われた日常にひとときの楽しさを運んできてくれました。時間をセーブするために早足で歩いていた私が、のんびりくつろぎながらランチを食べています。時間を上手に使うとは、こういうことではないかと考えました。

無駄をなくすより心を満たす

「時間管理（タイムマネージメント）」という言葉をよく耳にします。専用の手帳や書籍が数多く発売されているのを見ると、時間を上手に使うことが、現代社会のテーマのひとつなのかもしれません。

ニューヨークでも多くの人が時間管理に取り組んでいます。その中で、日本のとらえ方と大きく違うと感じることがひとつあります。それは、「一分一秒を無駄にしない」という日本と、「一分一秒を輝かせる」というアメリカの、意識や感覚の違いです。

英語の「一分一秒を無駄にしない」は、「make every minute count」という言葉になりますが、これにはもうひとつ、「時間を大切にする」「有効に使う」という意味があります。時間は大切なものだからこそ、ソファにのんびり腰かけてパートナーとの雑談を楽しんだり、子どもたちに絵本を読んであげたりすることに使おうということです。

エレーナはいつも言います。

「時間を上手に使うとは、一分一秒を無駄にしないことではなく、心を充実させるように使うこと」

大切なのは、時の経過のなかに、いろんな気持ちがあることなのですね。楽しい、幸せ、なるほど、もっと知りたいなど、心を充実させるものが備わっていないと、ロボットのような人間になってしまいます。

一日の終わりに、今日は予定していたことをすべて成し遂げたと確認したとします。

そこには、達成感があることでしょう。しかし、細かく今日の行動を振り返ったとき、そこに心が満たされたものが含まれていないと、幸せな気持ちには包まれないものです。どこか空虚な気持ちに包まれることでしょう。

急な予定変更はラッキーととらえる

ニューヨークの女性たちは、「時を楽しむ」ことが上手です。

彼女たちは、職業人としての時間、妻・母としての時間、ひとりの人間としての時間、女を楽しむ時間をバランスよく保っています。その秘訣は、時間管理で自分を縛りつけず、追い込まず、思いつきで行動できるような楽しい時間を持つことです。急な予定変更があったとしても、それをラッキーととらえ、柔軟に楽しんでしまう工夫をします。

楽しむことを「無駄な時間」ととらえるのではなく、「自分の一日を輝かせてくれる、心が満たされる時間」ととらえているのですね。

今日は会社帰りにお気に入りのカフェに立ち寄ってみよう。本屋さんで話題の新刊をチェックしてみようといった、思いつきで行動できる時間は、意味あることなのですよね。

会いたい人にパッと会いにいくことも、上手な時間の使い方のひとつです。その人と一緒に過ごした時間で心が満たされれば、その時間の価値は大きく、幸せにつながります。

時間は、「自分の幸せのために使うもの」です。時を楽しむ意識を大切に、一分一秒を輝かせていきましょう。


「思いつきの楽しい行動」で時間の価値を高めよう。

HOW TO USE TIME
EFFECTIVELY

する必要のないことはスッパリやめる！

あれもしなきゃ、これもしなきゃと考えるだけで、重い腰がさらに重くなることってありますよね。

ボーっとしている間にもうお昼。今日やる予定だった洗濯をしようと大急ぎで洗濯機のスイッチを入れたものの、雲行きがだんだん怪しくなってきた。途中で止めるわけにもいかず、グルグル回る洗濯機を呆然と眺めながら、どこに干そうかと途方にくれる。

このようなとき、時間の使い方が上手な人を羨《うらや》ましく思うことがあるのではないでしょうか？

すべてを完璧にしようとしない

ニューヨークに住み始めてから、時間の使い方が上手な人に共通する、あることに気づきました。それは、するべきこと・する必要のないことの分別が上手なことです。そして、すべてを完璧にこなそうとはしないことです。

時間の使い方が上手な人は、「予定を完璧にこなすこと」よりも、「大切なことをこなしていくこと」を大事にしています。

もし午前中に予定していたことができなかった場合、それを今から遅れてでもする必要があるのか、ないのかを考え、思い切りよく決断します。今はしないと決断したら、いつそれをするのかも同時に考えたうえで、スッパリ切り落とします。いつまでも引きずって、ズルズル考えることをしません。

すべてを完璧にスケジュール通りにやり遂げようとすると、ストレスがかかるものですよね。プレッシャーを感じたり、ブルーな気分になったり……。計画通りにいかない場合は、なんとか立て直そうと焦る気持ちで疲れ果てることもあるでしょう。これぞまさに負の連鎖です。

予定していた洗濯ができていない。それでもいいのです。無理をして立て直してまで完璧を目指そうとせず、「今日はやーめた！」と決断し、スケジュールを再設定しましょう。完璧にできなかった自分を責めたりせず、「〇日に延期」と決めた段階で、もう考えないようにするのです。すると、ストレスやブルーな気持ちがスーッと消えていきますよ。

そして、洗濯よりも大切なことをしましょう。気になっていたソファまわりの模様替えをするとか、靴やアクセサリーのお手入れをするとか、ブログの読者からの質問に丁寧に答えるとか、自分にとって「これは大切」と思うことをするのです。

時間の使い方が上手な人とは、決して器用で賢い人というわけではありません。どうでもいいことをスパッと切り落とす勇気と、決断力があるのですね。

あなたも、いつでもそうなれます。

しないと決めたらもう考えない!

HOW TO USE TIME
EFFECTIVELY

ミニマルに暮らせば時間が増える

世界最先端のファッションが生まれる街ニューヨークには、シンプルな美しさを大切にする女性がたくさんいます。足すよりも引くファッション、ゴテゴテ盛るよりも、一粒ダイヤモンドのピアスだけを身につけるようなスタイルです。

また、その人の輝きは、表にまとったものではなく、内面からあふれ出すものだという意識があります。

そのような女性たちの暮らしもシンプルです。物にあふれた生活ではなく、物はできる限り少なく、必要最低限ながらもすべてお気に入りで構成する、素敵な暮らしぶりです。

大量買いするために安いものを選ぶのではなく、高くても、安くても、「自分に必要か、自分が好きか」で決定し、量を買うことはしません。**限られた収納スペースからあふれるほどの物があると、その整理に時**

間を割くことになるからです。

女性にとって、ショッピングは楽しいものですよね。男性には、どれもこれも同じように見えるアクセサリーでも、女性にとっては、ほんのちょっとの違いが、その商品の魅力です。

また、ピアスやリングを収集している方もいらっしゃるでしょう。アクセサリーボックスを開くと、似たようなデザインのものが所狭しと並んでいて、今日のお洋服にはどれをつけようと、ひとつ取り出し鏡に合わせてみる。これを繰り返しながら、その日のアクセサリーを決めるのは、楽しい時間でもありますよね。

しかし、逆に考えてみると、アクセサリーの数が多すぎることで、合わせてみて選ぶまで時間をかけすぎているともいえます。デートの待ち合わせに、5分で用意して出かけないといけないのに、アクセサリーをパッと決めることができず、電車に乗り遅れて彼を待たせてしまった。あなたもこのような経験があるのではないでしょうか。

厳選したものだけを持つ

「ミニマル」という言葉をご存じですか？　この英単語の意味は「最小限の」で、言葉の解釈は「余計なものをそぎ落としたシンプルさ」とされています。

ミニマルな暮らし、シンプルであることは大切な時間の浪費を防いでくれます。探しものにかかる時間、片付けにかかる時間、出かける準備にかかる時間、お料理の時間から、家事全般の時間にも影響します。

たとえば、ハンカチを30枚持っている人と3枚持っている人。どちらのほうが洗濯の量が多く、アイロンをかける数が多いかは明らかです。収納スペースも大きく違ってきますよね。数が多いと、「今日はどのハンカチにしよう」と迷う時間も発生します。あれこれ引っ張りだしている間に、ハンカチの収納がゴチャゴチャになり、並べ直す時間が必要になることもあるでしょう。

ニューヨークの人はたくさん服を持ち、いつも違った服を着ていると思われがちですが、それは一部のセレブの話。同じ服を自分の定番としながら、ヘアスタイルを変えたり、バッグや靴などの小物でアレンジを楽しむのが上手なのです。

ミニマルな暮らしやシンプルさを追求することで、物の量が減り、それが大切な時間をセーブすることにつながります。

厳選して物を買う習慣がつくことで、本当に必要なものだけ、本当に欲しいものだけに囲まれて生活するようになり、多くの物に費やしていた時間が空き時間へと変わっていきます。

時間に追われることが減り、時間的余裕ができ、いつも心にゆとりをもって生活できるようになっていきます。

物の管理に時間をかけない。

HOW TO USE TIME EFFECTIVELY

To Do リストはほどほどに

ユニオンスクエアでのランチミーティングを終え、オフィスに向かって歩いていると、またあの光景に出くわしました。どこから見てもメンズファッションのお店に、おしゃれな女性たちが次々と入っていくのです。

この光景を見かけるたびに、「あれ?」と不思議に感じるものの、いつも急いでいた私は素通りしていました。

今日こそはこの謎を解き明かしたいという衝動にかられ、入口の扉を開けて店内に入りました。ニューヨークならではの天井が高い空間は、ガラス窓から差し込む光で明るく、天井から吊るされた大きなシャンデリアが光の反射で虹色に輝いていました。

あたりを見回すと、ジーンズの棚を整理していた店員さんが私に気づき、「カフェは奥ですよ」と言いました。

「カフェ……ここに??」と内心驚いた私は、そうだ、食後のコーヒーを飲もうと思いつき、店内を奥に進みました。

突き当たりには地下に下りる階段があり、赤い豆電球で縁取られた矢印が、その下に何かがあることを指し示していました。そろりそろりと階段を下りてみると、まるでおしゃれなオフィスのような空間が広がっていました。

壁にはPC用の長いデスクが備え付けられ、中央には打ち合わせ用のテーブル、コーナーはソファ席です。カフェカウンターでは、白いシャツに黒い蝶ネクタイをした店員さんが、手際よくエスプレッソマシーンを操作していました。私はカプチーノを注文し、ゆったりしたソファ席に座りました。

先に入って行った女性たちは、インテリア雑誌を広げて打合せをしていました。ほかにも、ひとりでPCに向かったり、資料を前に話しこむ人たちなどで適度に賑わっています。

「こんなカフェが近くにあったとは……」と改めて驚きながら、「誰にも教えないでおこう。ここは秘密カフェだから」とひとりニンマリしました。

私はカバンに入っていたPCを取り出しながら、数日前に友人のアレックスに言われた言葉を思い出していました。

それは、「タスクを作りすぎると、急《せ》かされた一日になる」というものです。**何のためのタスクか、なぜそのタスクが今日必要なのかを考えることが大切**だと教えてくれたのです。

たしかに、私はいつも「急かされた一日」を過ごしていました。次なるタスクが待っていると、自分を急かしていたのです。しかし、今、私はここで予定外の時間を堪能しています。次のタスクがあるからと、大急ぎで帰ろうとも思いません。ということは、次のタスクはさほど重要ではない、ということでした。

本当に充実した一日とは

あなたは毎日、タスクやＴｏ Ｄｏリストを書き出していますか？

書き出した項目は、本当に今日すべきことですか？

それらをすべて終えなくてはならないと、自分を急き立てていませんか？

法廷弁護士のアレックスは、つねにたくさんのタスクを抱えています。しかし、プライベートな時間も上手に確保し、いつも心にゆとりがあります。

たとえば、点滅した横断歩道を「渡ろう」と言うのは私で、アレックスは「次に青になったらにしよう」と言います。私は彼女ほど時間に追われている身ではないのに、なぜかいつも急いでいます。

その理由は「To Doリスト」を書き込みすぎていたからでした。するべきことをたくさん書き出し、すべて終わらせることが充実した一日だと勘違いしていたのです。

急かされた一日は、時間の余裕のみならず、心の余裕までも奪い去ります。ひらめきはぼーっとした時間に生まれると言われていますから、貴重なひらめきの瞬間も奪ってしまいます。

もしあのとき、自分が書き出したタスクに振り回されていたら、この秘密カフェを見つけることはできませんでした。そしてアレックスの言葉の意味を考え、大切なことに気づくこともなかったでしょう。

何のためのＴｏ Ｄｏリストなのかを考えてみましょう。

リストの目的は、今日すべきことの確認です。リストにしたすべてにチェックをいれなければと、自分を急かして焦ることではありません。

そのためには、書き出したリストを3つのグループに分けて考えましょう。


「今日必ずすべきこと」

「時間があれば」

「明日以降でも問題ない」


このように優先順位を明確にし、大切なことから順番に、丁寧に終わらせていきましょう。

今日する必要のないことは、いつまでに終わらせればいいのかを考えます。期限を見極め、その期間内に終わらせる計画を立てましょう。

充実した一日とは、たくさんのタスクを終わらせた一日のことではありません。与えられた時間を賢く使えた一日のことです。必要、不要を選別し、ゆとりを持ちながら大切なことを完結させることなのですね。

そして、**毎日のタスクで一番大切なのは、「自分を振り返る時間」を持つことです。**タスクを終えられたか確認する際に、今日の自分はどうだったかも一緒に確認しましょう。たとえば、新しい発見やひらめきはあったか。周囲の人に優しい心配りができたか。楽しい笑い声や笑顔があふれる一日であったかなども、併せて思い返してみましょう。

詰め込んで終わる一日より、ゆとりをもって振り返られる一日を。

HOW TO USE TIME
EFFECTIVELY

ノー残業デーを手にする時間の見方

一週間で一番ハッピーな日といえば金曜日ですね。今週も金曜日までがんばれた。さあ、今夜は仕事のことを忘れて楽しもう。そんな気持ちに包まれながら、いつも以上におしゃれをして出社する方もいらっしゃるでしょう。

これはニューヨークでも同じです。週末はカントリーハウスや別荘で過ごす人も多いので、金曜日は誰にとってもご機嫌な日です。

英語には、金曜日を象徴する「ティー・ジー・アイ・エフ！（TGIF！）」という言葉があります。これは、「花金だ！」「やっと金曜日だ！」を意味する言葉、“Thank God, it's Friday !”の頭文字をとったものです。

この「TGIF！」を添えて、「じゃあ後でね」というように、友人にメッセージを送ったりします。金曜日のアフターファイブに向けて、気分を高め合うのですね。

さて、日本では「プレミアムフライデー」や「水曜日はノー残業デー」を掲げる企業が増えたとはいっても、自分の部署は残業が多く、「毎日が残業デー」だという方もいらっしゃるでしょう。

また、みんなが居残っているから自分も残らなければならないというような、重い空気が漂っている場合もあるのではないでしょうか。

本当に仕事のために残っている人は少なく、仕事がないのに居残っている人が多いこともあります。入社して間もない自分は、周囲に合わせるより仕方なく、金曜日なのに早く帰れない。アフターファイブがない、と嘆きたい方もいらっしゃるでしょう。

このような状況を脱する一番いい方法は、「お先に失礼します」と、勇気を持って発することです。堂々と申し出るために、終わらせるべき仕事はしっかり完結させておきましょう。

そのためにおすすめなのが、「残り時間を意識した時間の見方」です。

仕事中は「あと○分」と考える

です。

残り時間を意識するとは、「今何時」の意識よりも、「あと○分」の意識を持つことです。

たとえば、今日は17時に業務を終了し、アフターファイブを楽しむ計画があるとします。お昼休みを入れて就業時間が8時間とすると、11時になれば、残り6時間、13時になれば、残り4時間です。この残された時間を常に把握しながら、すべき仕事をひとつひとつ確実に終わらせていきましょう。

もう11時、もう15時と「今の時間」を見るのではなく、残された時間はあとどれだけあるのかという「数字」を意識するということです。

映画などに出てくる時限爆弾のタイマーをイメージしてみてください。時限爆弾の装置を解除しようと、赤いコード、青いコード、どちらを切るか緊迫した状況で、思いっきり集中する場面をご覧になったことがあると思います。この「集中力」がわき上がってくるのが、「残り時間を意識した時間の見方」なのです。

時間は過ぎていくのに、仕事の山が減っていかないときは、残り時間を意識することで効率よく仕事に取り組むことができます。時間の見方を変えるだけのことですが、その効果により、するべき仕事を完結し、予定通りに業務を終了することができます。自信をもって「お先に失礼します」と宣言し、心おきなくアフターファイブを楽しむことができるでしょう。

見方を変えれば、時間は伸び縮みする。

HOW TO USE TIME
EFFECTIVELY

時間どろぼうと付き合う方法

「ねえ、6時の待ち合わせって、6時じゃないの?」

いつも必ず30分遅れてやってくる友人のクララに向かって言いました。

ボストンに留学しているときに出会ったクララは、私が初めて親しくなったベネズエラ人でした。ミス・ベネズエラの候補者だったという美貌は、小さなときから通っていた「美女養成スクール」で磨かれたことを教えてくれました。

「美は一日にしてならず」と言いますが、まさか4、5歳から美女教育が始まっているとは、お国が違えばいろいろ違うものだと驚きました。

陽気なスペイン語まじりの英語で話す彼女の物語は、目からウロコのことばかりで、私たちはすぐに仲良しになりました。

そんな大好きなクララとの時間でしたが、私はいつもストレスを感じていました。彼女は約束時間を守れない人だったのです。いえ、正確には約束時間を気にしない人でした。何かのトラブルで遅れるのではなく、約束の時間にまだ家でお化粧をしているような状態でした。

しかし、これは彼女が悪いということではなく、国民性が大きく関係していました。プライベートとビジネスは違う、プライベートはフレキシブルに行動してよしという認識が彼女の根底にあり、これは、メキシコ人、コロンビア人の友人にも共通することでした。

「遅れるとか、遅れないとか、そんなことはどうでもいいじゃない。楽しい時間を一緒に過ごせればそれが幸せじゃない」というような考えです。

この遅刻にまつわる出来事は、時間について深く考える機会を与えてくれました。カリカリする私が小者なのか、それともカリカリして当然のシーンなのか。人生を楽しむとは、こうした小さなことを気にしないことなのか、それともこれは気にして当たり前の大きなことなのか。

日本から約1万4千キロ離れた国で生まれ育った、まったく違う常識を持つクララとの出会いで、自分の時間をどう使うかを決めるのは、自分自身だということに気づいたのです。

これは、「自分の時間を他人に盗られないように気をつけなければならない」という学びになりました。

大人社会を心地よく生き抜く術

あなたの周りには、時間にルーズな人がいますか？

いつも待たされイライラしてしまう。やっと来たと思ったら、自分の話ばかりでふたりの時間を占領された。あなたは待たされ、相槌《あいづち》を打っただけで、帰る時間になってしまった。

帰り道、あなたの気分が晴れない原因は、彼女の態度や会話の内容にあるのではなく、あなたの時間を盗まれてしまったからです。

もし、「この人は自分の時間を盗っちゃう人だ」と感じたら、付き合い方をあらためましょう。待ち合わせの仕方を変える、会う頻度を減らす、共通の話題があるときだけ会うなど、自分の時間をどう使うかをシミュレーションしましょう。

時間にルーズな人というのは、何につけてもルーズです。自分とは違う感覚を持っている人だと認識し、対応するのが一番です。相手を責めたところで、身にしみついている感覚が違うので、なかなか伝わりません。それに、人は自分で気づかないかぎり、変わることはありません。

ならば、相手に求めず、自分がどうするかが重要になるのですね。

その後、私はクララと待ち合わせをすることを止めました。勉強のために留学している私には、盗まれていい時間などありませんでした。一分一秒にかかる滞在費を考えると、どれだけの無駄遣いをしたのかとさえ考えました。

クララのことは大好きでしたが、バッタリ会えばお茶をする程度の友人関係に留めることで、ストレスを感じることなく友情関係を育むことができるようになりました。

大人社会を心地よく生き抜く術は、「自分とは違う相手を理解すること」「どう折り合いをつければ物事をスムースに運べるかを考えること」です。

世の中には、白黒はっきりつける必要のあることと、ないことが存在します。時間どろぼうに関しては、盗ったことを責めるよりも、盗られない態勢を整えることが、自分の幸せにつながります。

相手を変えようとせず、自分の対応を変える。

HOW TO USE TIME EFFECTIVELY

ひとり時間を楽しむのはおしりを決めてから

つかの間のひとり時間というのは、いいものですよね。本や新聞を読んだり、音楽を聴いたり、勉強したり、考えごとをしたり。何もせずボーっとするのも、リフレッシュには最高です。

でも、ひとりの時間にやりたいことは山ほどあり、限られた時間を充実させたいのに、ダラダラと時間だけが経過してしまうことがあります。また、楽しかったという満足感よりも、妙な疲労感に包まれることもあります。

その原因は、ダラダラにつながる「終わりのない世界」に身を任せてしまうからです。

終わりのない世界とは、たとえばテレビやインターネットです。この2つは自分で区切りを決めない限り、永遠に続きます。見たい番組があるわけではないのに、毎朝起きたら一番にテレビのスイッチを入れてしまう。興味もないのに目の前に流れる映像を見続け、ハッと気づいたら4時間が経過していた。

お昼休みにネットサーフィンを始めた。ひとつの記事から次の記事へと飛び、終わりなく出てくる関係のない記事を次々読み進めてしまった。もう昼休みはとうに終わっているのに、引っ張りこまれて抜け出せない。

テレビやインターネットのように、終わりなく永遠に続くものを楽しむ場合は、最初にルールを作っておくことが大切です。「ここまで見たら終わり」「1時間経ったら終わり」というように、時間を上手に区切らない限り、大切なひとり時間を奪われることになってしまいます。

人生を充実させるために大切なのは、時間を上手に使うことです。時間をコントロールするには、自分で自分をコントロールできなければなりません。

自分と約束し、それを守ることができる人が、自分に与えられた時間を上手に使うことができるのですね。

時間の使い方が上手な人は、時間はたくさんあると言い、
時間の使い方が下手な人は、いつも時間がないと嘆く。

ほんのつかの間であっても、ひとり時間のルールを決めることで、自制心が養われます。時間がないといつも言い訳する自分から、時間がたくさんある人に変わっていけます。

あなたが「止められなくなってしまうもの」は何ですか？

HOW TO USE TIME EFFECTIVELY

優雅な一日のために夜すべきこと

明日はデートだから、このお洋服を着てこのバッグを持っていこう。

ベッドに入る前に、明日のお洋服の準備をし、バッグの中身も入れ替え、翌朝スムースに支度ができるようにセットしておく時間は、ルンルンと楽しいものですよね。

このように、何か大切なイベントがあると前夜に準備ができるのに、特に予定がない日は朝になってから洋服などを選ぶという方もいらっしゃるでしょう。

何の用意もしていない日に限って、髪型のセットに時間がかかり、前髪がどうも上手くまとめられない。たかが前髪、されど前髪。前髪に奮闘している間に時間が経ち、服を選んでいる時間がなくなってしまった。あれこれコーディネートを試している間に、また前髪が乱れてしまった。朝からドッと疲れ、気に入らない前髪のまま家を飛び出した。

どこかでこの気分を切り替えなければと、一生懸命気持ちの立て直しをはかったり、こんな日のために、いつもカバンに入れている「元気本」のページを開き、気分転換をする方もいらっしゃるでしょう。

夜の5分で翌朝の時間をセーブする

子供のころは翌日の時間割りを見て、必要なものをすべて前日のうちに用意する習慣が身についていたはずです。しかし、大人になると、ぶっつけ本番になってしまいがちです。

このぶっつけ本番や行き当たりバッタリの習慣が、時間の浪費につながります。

探し物から始める一日は、誰でも経験があるのではないでしょうか。くつ下がない、髪留めがない、お気に入りのハンカチが見当たらない、ここに置いたはずの手帳が見当たらない……。

前日に準備しておけば、この時間をセーブすることができます。アメリカでは、「朝の時間は日中の5倍に相当する」と言われます。これは、朝一番の時間の損失は日中にダメージを与えるという意味合いがあります。

確かに、朝からバタバタすると、そのしわ寄せが一日のどこかに現れるものですよね。


一日の終わりに、翌日の準備をする時間を5〜10分設けましょう。**持ち物や衣類の支度に加え、お財布やカバンをササッと簡単に磨いたり、不要なレシート類を処分し、中をきれいに整理するのもおすすめです。**持ち物のコンディションがよいと、気分が上がりますし、どんな一日になるかを想像しながら、大切なことが抜けていないかを再確認することもできます。

また、銀行に大切な用事があることを思い出し、口座関係書類をカバンに入れたり、友人に借りていた本を返す日であったことを思い出し、本とお礼のクッキーを紙袋に入れて用意したりすることもあるでしょう。先輩のお誕生日だと思い出し、バースデーカードを書いたり、会議があることを思い出して、身の回りの準備のみならず、心の準備をする時間にもなります。

一日の流れをイメージしながら準備をすると、ハッピーになれるアイディアがたくさん浮かんでくるものです。たとえば、雑誌で見かけて気になっていたレストランへランチに行くことを思いつくかもしれません。SNSにアップできるように小型カメラを持って行くことをひらめいたり、写真映えしそうなメニューを調べ決めておくのも楽しいですよね。

明日を素敵な一日にするために、前日の準備時間を大切にする習慣をつけていきましょう。

その日を輝かせる秘訣は、前夜の5分にある。

HOW TO USE TIME EFFECTIVELY

時の持つ価値に気づく

ニューヨークの寒い冬の終わりを感じさせる3月後半、人々の視線が集中するのは桜の木です。つぼみがふくらんだかどうか、ついつい観察してしまうから不思議なものです。

同じビルにオフィスをかまえるマイクは、エレベーター内やロビーで立ち話をする友人です。ある月曜日の朝、「エリカ、今日ついにつぼみを発見したよ！」と教えてくれました。

マイクが住むのは、セントラルパークの西側にある、アッパーウエストサイドです。周辺には、ジョン・レノンが住んでいたダコタハウスや、著名人が住む美しいサンレモアパートメントがある素敵なエリアです。きっと、週末のジョギング中にセントラルパークで見つけたのでしょう。

春を待ち焦がれる人々にとって、「桜のつぼみ」情報は非常に重要で、口コミで広がっていきます。もしかしたら、今週末は少し咲くかもしれない。週末はセントラルパークでピクニックしよう。このように、ワクワクしながら計画を立て、友達を誘い、桜の開花を楽しみに待ちます。

ニューヨーカーは猛烈に働くことで有名ですが、仕事オンリーの人生ではありません。「よく働き・よく遊び」のバランスを上手にとったライフスタイルが基本になっています。社会情勢、国際問題にも長けていますが、遊ぶ情報にも敏感です。

自分に与えられた時間は限られている

お花見、お花見と楽しみにしていたら、大雨が降り、散ってしまった。週末に限って雨が降り、今年はお花見ができなかった。このようなことはありがちですよね。実は私も、毎年このパターンでお花見を逃していました。

「美しいものの命ははかない」

雨のしずくに濡れる地面に散った花びらを見ながら、いつもそう思っていました。

一年に一度だけ、ほんの一週間ほどしか咲かないのですから、タイミングが合わず見逃すこともあります。そんなとき、「また来年も咲くのだから、来年見ればいい」と、いつものパターンで考えていたのです。しかし今年は、大切にしていた言葉が、どこからともなく頭に浮かんできました。

フランスの思想家、ジャン＝ジャック・ルソーの言葉です。

「人生の最初の四分の一はその使い道もわからないうちに過ぎ去り、最後の四分の一はまたその楽しさを味わえなくなってから過ぎて行く。しかもその間の期間の四分の三は、睡眠、労働、苦痛、束縛、あらゆる種類の苦しみによって費やされる。

人生は短い」

私は時間の価値や尊さを教えてくれるこの言葉が好きで、自分のノートに書き記していました。しかし、いつしかすっかり忘れていたのです。

桜は来年も咲く。でも自分はそれを見られるのだろうか……。

大切なことに気づいた私は、今年は大雨でも桜を見に行こうと決意しました。

時間は人生そのものです。永遠にあるかのようで、自分に与えられている時間は限られています。明日も今日も、同じ〝一日〟かもしれません。でも、それは永遠には続きません。

この大切なことに気づくことで、自分に与えられた時間に感謝し、おろそかにせず生きていこうと思えることでしょう。

その日をどんな一日にするか、どんなふうに時間を使うか。時の持つ価値に気づくことで、家と会社の往復だけの退屈な日常を変えていけるのですよね。

同じ日は二度とやってこない。

第2章

自分をよく知り、大切にする時間

MAKE TIME FOR MYSELF

HOW TO USE TIME EFFECTIVELY

一日をシャッフルしてみる

ニューヨークに住み始めて気づいたことのひとつに、**「自分が生きたいように、生きていい」**ということがあります。

これは、好き勝手に自由に生きればいいという意味ではありません。世の中には、こう生きなさい、時間はこう使いなさいというルールは存在しないということです。

たとえば、ほとんどの人が朝には軽い朝食、昼にはややボリュームのあるランチ、夜には満腹になる夕食を食べますよね？　この社会一般常識に足並みを揃えなくてもいいのです。自分の好きなようにアレンジしてもいいのですよという意味です。

ニューヨークで初めてダイナーに行ったとき、朝食メニューの「ステーキつき卵料理」にビックリしました。日本の固定観念に縛られていた私は、「朝からステーキなんて食べる人が、アメリカにはいるんだ」と驚いたのです。ステーキは夕食であり、朝食メニューではないと、自分のものさしではかっていたのです。

しかし、数年が経過し、これが間違いだったことに気づきました。朝にお腹が減っていればステーキを食べてもいいですし、朝食と夕食を逆にしてもいい。さらには、そのほうが健康的だということにも気づきました。

物事を固定観念や自分のものさしではかるのではなく、世界基準ではかる大切さを学びました。

夜に運動する私は、夕食と朝食が入れ替わりました。そして、平日の夕食に手の込んだ料理を作らないことが、時間のセーブになることにも気づきました。夜に自宅で執筆している私にとって、夜の時間は貴重なのです。

自分の一日をシャッフルし、「自分が生きたいように生きていい」という気づきは、非常に大きなものでした。

あなたには、これはこうしなければならない、これは何時にしなければならない、というような固定観念はありませんか？

もし答えがイエスなら、**一日の行動パターンを変えてみることで、自分が解放されていきます。**

一日をシャッフルしてみましょう。

たとえば、お風呂は夜と決めず、朝に入ってもいいわけです。どちらのほうが、自分にとり好都合かを考えてみましょう。家事、勉強、運動、自分の時間など、予定をシャッフルすることで、自分らしい生き方を見つけることができるでしょう。

平日をシャッフルすることが難しい場合は、休日だけチャレンジしてみましょう。固定観念を手放し、自分の生きたいように生きていい休日。きっとそこに、新しい自分を見つけることができるでしょう。

パターンを変えることで、思考がリフレッシュされる。

HOW TO USE TIME
EFFECTIVELY

「永遠のループ」から抜け出す

ハリウッド俳優になる夢を持つダニエルは、レストランで働きながらオーディションを受けています。世界的に有名な大物俳優でさえ、役を射止めるためにオーディションを受ける映画の世界では、誰にでも公平にチャンスがあるものの、その倍率の高さははかりしれません。

夢を持つ者どうしの会話というのは、ジャンルは違っても楽しいものですよね。お互いの進捗状況を報告し合う時間は楽しく、アッという間に過ぎてしまいます。お客さんの私と、テーブル担当のダニエルの会話時間は限られていますが、いつも夢の話で始まり、夢の話で終わります。

その日私は、マーケティング会社のCEOである友人のジェシカと一緒にディナーを楽しんでいました。

彼女も自分の夢を着実に実現しているので、夢の話が大好きです。

テーブルに注文を取りに来たダニエルは、なぜか元気がありませんでした。私は、またオーディションに落ちたのだと勝手に想像し、話題をそちらに振らず、シャルドネをオーダーしました。一方ジェシカは、まるで部下に声をかけるかのように、「どうしたの？」と優しく話しかけました。

よくない出来事を聞いたところで、起きてしまったことを消化できるのは本人だけです。気にしなければいいのにと、私は心の中でつぶやきました。落ちたとか、自分には才能がないとか、ネガティブな嘆きはディナーに合わないと思ったのです。

しかし、こんな心優しいジェシカに、私も数えきれないほど救われてきました。その恩恵を自分だけ受けて、ダニエルなんてほっとけばいいと考えるのは、やはり冷たすぎると、自分の心のつぶやきを訂正しました。

ジェシカから優しい言葉をかけてもらったダニエルは、待っていましたとばかりに、「別れた彼女が結婚したと聞いて、落ち込んでいるんだ」と言いました。

ストーリーはこうです。

真冬のある日、ダニエルの元恋人は高熱を出して寝込みました。オーディションを数日後に控えていたダニエルは、風邪をうつされないように、彼女と一緒に住んでいた自宅から友人宅に避難しました。

病気で動けない彼女が食べ物に困っているだろうと思い、仕事帰りに夕食を届けました。いつものように家に入り、キッチンの冷蔵庫に夕食を入れ、寝室の扉を開けて夕食を運んできたことを告げました。そして、早々と引き上げたのです。

数日後のオーディションは体調万全で受けられたものの、結果は落選。そろそろ彼女の体調も治ったころだろうと、自宅アパートに戻ってみると、彼女は転居していました。ベッドの上に置かれた紙に、「コートも脱がず、手袋も外さず立ち去ったあなたに、愛のかけらも感じなかった」と書いてあったそうです。

ダニエルは、「どうしてあのとき、自分はあんなことをしてしまったのだろう」と後悔していると言いました。

まるで「恋愛セラピーとワインの夕べ」のような驚きのストーリーに、私は冷えたシャルドネを飲みながら目をパチパチさせていました。すると、ジェシカが一言ビシッと言いました。

「永遠のループから抜け出しなさい」

過去に違う行動をしていたら未来が変わる、とは限らない

ループとは「輪」のことです。始点と終点が一致する曲線です。その輪の上にいる限りは、どこにもたどり着けない。ぐるぐる、ぐるぐる永久に回り続けることになります。

あなたには、忘れたくても忘れられない過去や、悔やんでも悔やみきれない出来事がありますか？

「あのとき、○○していれば……」といったように、「～たら」「～れば」と、いつまでも堂々巡りの思考から抜け出せないということはないでしょうか？

そんなときは、自分でそのループから出る決意をしましょう。永遠に同じサークルを回り続けることに終止符を打ちましょう。

たとえ過去を変えることができたとしても、それが今の自分にプラスに作用する保

証はどこにもありません。すべては、あなたが都合よく描く妄想の世界での出来事であり、現実がどうなるかはわからないのですよね。

あのとき、彼女の看病を誠心誠意行っていれば、ダニエルは彼女と結婚できたでしょうか？　その後、お互いの気持ちが離れてしまったかもしれないし、別れにつながる決定的な出来事が起きたかもしれません。過去の出来事を修正したとしても、未来はどうなるか誰にもわかりません。

永遠のループを抜け出し、今を生きる。

変えられない過去について考える時間を減らし、変えていける未来について考える時間を増やしましょう。それが、夢や希望を持って未来に生きるということです。

自分を振り返る時間というのは、過去に時計を巻き戻し、過去を修正しようとすることではありません。起きた出来事を振り返りながら、今や未来にどう生かしていくかを考えることなのですね。

人はときに「永遠のループ」にはまります。「どうして私は……」と、いつまでもクヨクヨ考えてしまうことがあります。そんなときは、この考えは永久に続く出口のないループではないかと疑ってみましょう。そして、もしそれがループなら、そこから飛び出しましょう。
ハムスターのように回し車を永遠に走り続けてはダメです。終着点のないループから抜け出しましょう！

過去を悔やむ時間を減らし、未来について考える時間を増やす。

HOW TO USE TIME
EFFECTIVELY

減らすことで質を高める

アメリカのビジネスシーンでよく使われる言葉に“Under Promise and Over Deliver.”があります。その意味は、「大きな約束をして期待に応えられないよりも、小さな約束をして期待以上の成果を出すほうがいい」です。

できそうにないことを「できます」「やります」と引き受けてしまうことってありますよね。

もちろん、最初から「やってみせる」「自分なら絶対できる」と自信を持って引き受けることは素晴らしいことです。

しかし、完璧な成果を出す自信がないのに大見得をきってしまった。すべての時間を投入し、必死で頑張ったけれど、7割しかできなかった。もしこうなれば、それは相手に期待を持たせておきながら、裏切る結果となったわけです。
ならば、最初から「7割は成し遂げます」と約束し、7割以上の成果、期待以上のものを出そうということです。

期待以上のものが得られる喜びというのは、誰にとっても大きいものです。
たとえば、

・コーヒーを頼んだだけなのに、小さなクッキーがついてきた
・夜、ホテルの部屋に戻ったら、ベッドサイドテーブルにお水が用意してあった
・鉛筆を借りたら、消しゴムも一緒に貸してくれた
・サンドウィッチを頼んだら、食べやすいように小さく切って出してくれた

ほんの小さなことでも、期待以上のものを出すこと、特に質のアップになることは相手の心の満足につながります。時間をかけて量をこなそうとするよりも、ほんの少し質を高める意識を持つことが、プラスに作用するのですね。

めるほうがいいのです。

期待以上の満足を得るコツ

これは時間に関しても同じです。やることを詰め込むよりも、減らすことで質を高めるほうがいいのです。

「今日はこれを全部やる」と無茶な約束を自分としたりせず、「今日はこの程度に留めておこう」とあえて控えめにして、一つひとつの質を重視するほうが、その日が上質な一日になります。

たとえば、友人を招いておもてなしをするときに、7品、9品作ると張り切って、食材費をかけ、時間と闘いながら大汗をかき、適当なお料理をたくさん作るよりも、品数を抑え、それぞれの質を高めたお料理をゆったり丁寧に作るほうが、満足する食卓になるということです。

映画のワンシーンのように、ワインでも飲みながら、ほっぺが落ちるほど美味しいビーフシチューを煮込んだり、夕食のためだけにハーブパンを焼いたりするのも、楽しくて満足できますよね。もてなされる側も、あくせく立ち働いているあなたより、ゆったりと楽しそうなあなたといるほうがリラックスできるでしょう。

すべてに完璧であろうとすると、大切な時間を失い、結果に応えられない場合は大きな代償を払うことになります。そうなる前に、量を減らし、質を上げることを考えましょう。それが、自分と相手、どちらにとっても期待以上の満足につながります。

無茶な約束をして必死になるより、控えめな約束で丁寧に行おう。

HOW TO USE TIME EFFECTIVELY

読みたい本を10冊持って旅に出る

着陸態勢に入った飛行機の窓の外には、美しいコバルトブルーの海岸線が広がっていました。ニューヨークからわずか6時間のフライトで、飛行機はメキシコに到着しました。

簡単な入国審査を終え、空港ターミナルの外に出ると、陽気なリズムの音楽が聞こえてきました。焼けつくような太陽の日差しを遮るように植えられたヤシの木の下にはテキーラバーがあり、赤や緑のカラフルな椅子が並んでいました。

時刻はまだ午前11時でしたが、数名の人がフライトの疲れを癒すかのように、白く凍ったグラスに注がれたフローズンカクテルを楽しんでいました。

私は、つい先ほどまで極寒のニューヨークにいたことが嘘のような現実に胸を躍らせました。予約していたリムジンに乗り、乾いた大地に茂るサボテンをながめながら、海岸沿いのコリドールと呼ばれる地区に向かいました。ここには、世界的に有名なリゾートが点在し、上質な時間を楽しめる大人オンリーのホテルが多くあります。

私は毎年、自分のために一人旅を計画します。日常や仕事から離れ、自分らしさを取り戻す、かけがえのない時間になっています。

今まで見たことがない新しい景色や、出会ったことのない人たちとの交流は、いつも新しい視点を自分に与えてくれます。自分の中に眠っている何かが目覚め、きらめきだす時間とも言えます。また、凝り固まった思考や、いつのまにか小さなスケールで生きる人間になっていたことにも気づかされます。

ホテルのプールサイドには、白いパラソルつきのデッキチェアが、適度な間隔をあけてたくさん並んでいました。静かに流れる贅沢な時間を求めてやってきたゲストたちが、日光浴や読書を楽しんでいます。

私もウエイターが運んできてくれた冷えたシャンパンを飲み、タコスをかじりながら、持参した本のページをわくわくしながら開きました。

私の旅の目的のひとつは読書です。旅の予定が決まったら、読みたい本を10冊選び、トランクに詰め込みます。今の自分に必要な本、ハラハラドキドキするような小説、話題の本、歴史が学べる本、帰国した際に日本の母が持たせてくれた本、経済誌、雑学がつきそうな本、自分が書いた本など、バラエティー豊かに持っていきます。

読む前から深く考えない

読書の時間というのは、自分が一番素直になれるひとときなのですよね。本に綴られた言葉を読みながら、自分の状況と照らし合わせて考えているうちに、ハッと大切なことに気づかされます。

会ったこともない著者が、まるで自分に語りかけてくれているような気持ちになり励まされたり、勇気をもらったりすることもあります。

誰にも言えない悩み、いつまでも消化しきれない過去の出来事。この先の人生をどう生きればいいのか、何をどう考え、決断していけばいいのかなど、読書を通して、そのヒントを見つけることができます。

「そういうことだったのか」「こんなふうに考えればいいんだ」「これなら、私にもできそう」。そんな前向きな気持ちが湧き上がってきます。それは本を読むことで、あなたの心が開かれていくからなのです。

本を読む前から「この本を読んで、自分はどう変わるんだろう？」「自分に必要なことが書いてあるのだろうか？」と深く考えたりせず、まずはページをめくってみましょう。そこに綴られている言葉が自分にとって必要か不要かを考えてみることも、新しい気づきにつながります。

読書の時間は自分への投資です。自分を振り返り、もっと輝く自分になるための時間です。

さあ、読みたい本を10冊持って旅に出ましょう！

「旅×読書」の相乗効果で、新しい視点がどんどん湧き上がる。

HOW TO USE TIME
EFFECTIVELY

アンプラグな時間をつくる

インターネットの進化により、その場にいながら世界中の人と交流できる素晴らしい時代になりました。しかし一方では、大勢の人と同時に交流できることが、貴重な自分時間の浪費やストレスにもつながっています。

メールやメッセージの利点は、電話のように相手の時間や状況への配慮が不要であることです。しかし、24時間オープンの便利な環境が災いを招いているとも言えます。

たとえば、着信メッセージを何日か開封しなかったり、返信しなかったりしたことを責められることがあります。あなたが多忙であることや、体調を崩していることを知らない相手は、無視されたと勘違いしてしまう場合もあるでしょう。

逆に、相手に届いているはずのメッセージが既読にならなかったり、返信がないことで、不安に包まれたりストレスを感じることもあるでしょう。

本来ならば、心の安らぎや豊かさにつながるはずの便利な機能が、100％狙い通りに作用しない場合もあるのですよね。

電源を切るとストレスが減る

そこでおすすめなのは、時間の使い分けです。インターネットの世界だけに重きを置かず、スマートフォンやPCの電源をバチッと切る「アンプラグな時間」をつくり、リアルな交流も大切にしましょう。

メールやLINEではなく、その人に会い、目を見て話す時間には、インターネットの世界にはない楽しさがあります。また、アンプラグにすると、無意味な時間の浪費を防ぐことができ、ストレスが緩和されていきます。そして何より、**周囲の人々は、あなたが24時間態勢でインターネットとつながっていないことを理解してくれるでしょう。**

アンプラグな時間をつくると、四六時中スマホやPCの画面に張りつき、メッセージを確認し、返事を書かなきゃという切迫感が消えます。最初は放置していることが無責任に感じられ、気になるかもしれません。また、周囲が自分をどう見るか、どう評価するかを怖く感じるかもしれません。しかし、これが自分のスタイルだと自分で認め、習慣化することで、電源を切ることへの恐怖もなくなっていきます。

気づかない間にインターネットの世界に24時間コントロールされてしまっている自分を、再構築しましょう。

心豊かに生きていくとは、自分で自分をコントロールすることです。自分をコントロールできるようになれば、恐れていることに真正面から向き合う勇気も湧いてきます。自分の気持ちを素直に受け入れることもできるようになっていきます。

リアルな交流をすれば、相手の声の響きや温かさに触れることができます。その人の瞳の輝きは、メールやＬＩＮＥでは感じることができませんよね。

もしあなたが、インターネットを介して家族や恋人と意思の疎通をはかっているのなら、目を見て声に出して伝えるリアルな交流を大切にしていきましょう。必要なことだけを短文で伝達しあう関係では育まれない、深いつながりができていきます。

その場の雰囲気をわかちあい、ぬくもりや愛情を肌で感じることは、生きているからこそできる尊いものなのですよね。

画面の向こうの人より、今の自分としっかりつながろう。

HOW TO USE TIME
EFFECTIVELY

忙しいときほど
脳みそに深呼吸を！

余裕がなくてんてこ舞い、目が回るほど忙しいというときは、思考と行動が一致せず、自分でも驚く行動をとってしまうことがあります。

たとえば、レジでお金を払ったのに品物を受け取らず立ち去ろうとしたり、お料理でお塩とお砂糖を間違えてしまったり。

そういえば私も、パエリアを作るからと友人を招き、時間に合わせて調理に取りかかろうとしたら、お米を買っていないことに気づいたことがあります。

前夜にサングリアを作り、当日は朝から魚介類を買いに走り、お花を飾ってテーブルセッティングをしてと、準備がすべて整っているというのに、肝心のお米がないのです。

今から買いに行く時間はない。選択の余地もなく、パエリアは魚介類のスープになってしまいました。

慌ててお買い物をすると、このような失敗につながることを学んだわけですが、このショックは今でも鮮明に覚えています。

このような出来事は、体が忙しいというよりも、頭の中で考えることがたくさんありすぎて、思考回路が正常に作動していないことが原因で起きます。

英語にも「目が回るほど忙しい」という言葉があります。興味深いのは、"My head is spinning."と、「目」ではなく「頭」が回ると表現していることです。体をぐるぐる回転させると、頭がクラクラして倒れそうになりますが、英語ではその状態を表しています。忙しすぎて頭がクラクラするイメージです。

美味しい紅茶や運動を意識的に取り入れる

忙しいときこそ、頭を休める時間を持ちましょう。朝からフル回転の脳みそを息切れ状態にせず、大きな深呼吸をさせてあげましょう。

今取り組んでいることから一旦離れ、自分にとって頭が休まる、思考が切り替わることをしてみましょう。

たとえば、美味しい紅茶やコーヒーを淹れてみる、大好きな画集を開いてみる。ホットタオルを目の上に載せて、ソファにゴロンと横になってみるのも、頭が休まり気持ちがいいものです。

また、運動で汗を流すのもおすすめです。運動は無心になって取り組めるので、体の凝《こ》りのみならず、頭もほぐしてくれるのですよね。

「ゴメン、今日は忙しいから」と誘いを断った友人が、なぜかジムのランニングマシーンで走っている。もしかして、私と出かけるのが嫌だったから？　私を避けたの？　そんな疑念を抱くシチュエーションに出くわすことがあります。

そんなときは、「きっと目が回るほど忙しいから、頭を休めるために運動しているんだ」と考えてみましょう。

忙しいと言っていた人が、のん気に喫茶店でお茶を飲んでいたとしたら、あるいはブラブラとウィンドーショッピングをしていたとしたら、きっと頭を休める時間なのでしょう。

頭を休めるとは、「気分転換をはかる」とも言えます。上手な気分転換は、思考回路を冷静な状態に戻してくれます。この忙しい状況を、どうすれば早く終わらせることができるのか、心を落ち着けて考えることもできるでしょう。

忙しくてミスが多くなってきた、日ごろしないような失敗をしてしまったというときは、意識して頭を休めてあげましょう。元気になる音楽を聴きながら、ガーデニングをしたり、お散歩に出かけたりするのもいいですよね。

ちょっとした息抜きが、思考を大きく切り替える。

HOW TO USE TIME EFFECTIVELY

傷ついたときは自分に時間をあげる

寒い冬のある日、ユニオンスクエアに週末オープンしているファーマーズマーケットに立ち寄りました。木枯らしが冷たくても、ニューヨーク名物「アップルサイダー」のお店には10人ほどの行列ができていました。冬はホカホカの温かいアップルサイダーが売られていて、先に買った人が、小さな紙コップを両手で包み込むように持ち、フーフーと冷ましながら飲んでいます。

日ごろジュース類は飲まない私ですが、引き寄せられるように列に並びました。

冬の露天でも、「寒いから早く帰ろう」といった人は見当たりません。誰もが暖かい装いに身を包み、エコバッグに買ったばかりの食材を詰め、ショッピングを楽しんでいます。

一見、誰もが幸せな午後を過ごしているようですが、生きるのが厳しいニューヨークには、どこかに不運に見舞われ、絶望のふちに立っている人もいるはずです。

実はこのときの私も、信頼していた人に裏切られ、つらい時間を過ごしていました。早く状況を立て直したくても気持ちがそこに追いつけず、何も買う気になれないものの、いつものようにファーマーズマーケットに足を運び、お店をのぞいていたのです。でも、心ここにあらずの状態でした。

そのとき、起業家の友人、アンドレアならば何かいいアドバイスをくれるのではないかと思いつき、相談をしました。ランジェリーデザイナーの彼女は、デザインを盗用されたり、サンプル品を盗まれたり、不運な経験が豊富な人でもありました。

アンドレアはとても的確なアドバイスをしてくれました。それは「自分を急《せ》かさず、まずは自分に時間をあげること」でした。

誰の人生にも必ずある不運なとき。心だけでなくケガや病気など身体にもいえることですが、傷ついたときは、自分に回復の時間を与えてあげましょう。あれほど痛かったすり傷も、時が経てば傷口は自然にふさがり、痛みもすーっと消えていきます。何もしなくても、時間をあげれば、自分の中の治癒する力が作用して治してくれますよね。

不運なことが起きたら、そこから離れる時間を持つ

不運な出来事が起きたときも同じです。自分に時間を与えてあげることで、心が落ち着き、新しい視点でものごとを見つめられるようになります。

どんなに考えても、起きてしまったことを元に戻すことはできません。悔やんだり、自分を責めたり、相手や状況を批判する思考をストップし、気持ちの入れ替えをしましょう。

たとえば、大好きな本を読んだり、笑える映画を観たり、美味しいスイーツを味わうなどして、その出来事から離れた時間を持ちましょう。

心が乱れ、冷静さを失っているときに、一刻も早く立て直そうと自分を急き立てることで、間違った方向に疾走してしまうことがあります。二重の災難を招く結果にならないために、まず何よりも心を落ち着けることが先決です。そのために、自分に時

間を与えてあげましょう。

これは、恨みつらみを言ったり、傷ついた自分を悲劇のヒロインにするための時間ではありません。元の自分に戻るための時間、問題解決に役立つ冴えた頭を取り戻すための時間です。

そして、傷の回復具合をチェックし、「よし、もう大丈夫だ」と心がサインを発したら、また元気に一歩を踏み出しましょう。


自分のなかの自然治癒力を信じて、少しのあいだ休憩を。

第3章

将来につなげる時間

MAKE TIME FOR MYSELF

HOW TO USE TIME EFFECTIVELY

一生続けられる「大人のお稽古ごと」を始める

大人になって思うことのひとつに、子供のころに習っていたお稽古ごとを止めずに続けていればよかったということがあります。

ニューヨークは音楽の街ということもあってか、楽器を演奏する人が多くいます。私の友人にも、ピアノやドラム、コントラバスやサクソホーンの演奏を趣味で続けている人たちがいます。

アメリカに住むまで、途中で止めてしまったお稽古のことなど思い出すこともありませんでしたが、こちらで出会った友人たちが、長年お稽古を続けてきたピアノをホームパーティーで軽やかに演奏しているのを見ると、「あ〜、私も続けていればよかった」と、いつも感じます。

そんな話を友人たちにすると、「今からまた再開したらいいじゃない」と言います。まったくその通りです。**止めたことを終わりとせず、途切れていたことをつなげる意識で取り組めばいいのですよね。**

あなたには、続けたかったお稽古ごとや、もっと勉強したかったことがありますか？昔は時間や金銭的なことで続けることができなかったけれど、再開したいというものがあれば、ぜひチャレンジしてみましょう。

楽器のほかにも、たとえば海外旅行をするたびに「今度こそ英語を真剣に勉強しよう」と自分に誓い帰国するものの、そのうち忘れてしまっていたり、習っていたダンスをケガで中断しているうちに、足が遠のいてしまったりということはないでしょうか？

生涯なにかを勉強し続ける、自分の興味のあることを極める時間というのは、かけがえのない自己成長の時間なのですよね。その気持ちは、子供のころに習っていたときと同じです。

心を無にして、吸収し、身につけていくものがあることは、自分の人生を豊かにしてくれます。何歳になっても、「それをしている時間は楽しい」と言えるものをもっていることは、最高の幸せです。

私はニューヨークで空手の稽古を続けています。これは一生涯続けていくつもりです。そして、もう少し時間的余裕ができたとき、子供のころに習っていたピアノとお習字を再開したいと楽しみにしています。

大人になって始める「生涯勉強」は、苦痛でも負担でもなく、自分をワクワクさせてくれるものなのですよね！

心を無にして吸収する時間が、大人を輝かせる。

HOW TO USE TIME EFFECTIVELY

「自分の可能性」を引っ張り出すのは自分の役目

ニューヨークの春は、街のいたるところにフラワーポットやグリーンが飾られ、道行く人たちを楽しませてくれます。通りに面したレストランの窓や壁は全開にされ、太陽の陽差しや、爽やかな空気を楽しむ人たちで賑わいます。

その日、私は久しぶりに行ったソーホーのブラジリアンレストランのテラス席で、本の原稿のチェックをしていました。

そよ風にゆれる白いテーブルクロスの上には、一輪の赤いガーベラが飾られ、ランチデートにもピッタリの店内はカップル客でいっぱいでした。

楽しそうな笑い声、通りを走る車の音、レストランの旗が風に吹かれてパタパタはためいている音をBGMに原稿に目を通していると、「お待たせしました」とランチが運ばれてきました。

顔を上げると、ポルトガル語のアクセントがとてもチャーミングなウエイトレスさんが興味深げに原稿をのぞきこみ、「これは何語ですか?」と聞きました。日本語だと答えると、「これが日本語なのね」と、初めて見る日本の文字に感動した様子でした。そして、自分はイラストの勉強をしていて、「マンガ」が大好きだと教えてくれました。彼女も大きな夢を描き、ブラジルからニューヨークにやってきて頑張っているのだろうと感じた途端、自分と同じ人に出会ったようで嬉しくなりました。彼女の瞳の輝きに、自分の可能性を信じて頑張っていることが映し出されているように感じました。

ニューヨークでは、誰もが夢や目標を持っています。はたから見れば無謀な夢でも、本人は実現できると信じ、実現するために日々頑張っています。何があっても頑張れるのは、自分の可能性を信じているからなのです。

大人になったら、人からの働きかけを待たない

子供のころは、両親や学校の先生など周囲の大人が、あなたの可能性を信じ、それを引っ張り出そうとしてくれますよね。また、自分を認めてくれ、褒めてくれ、励ま

してくれることで、自信がついていくものです。

しかし、大人になれば状況は変わります。自分の可能性を引っ張り出すのは自分の役目になります。**子供のころの延長で、誰かが自分を認めてくれるのを待ってみたり、褒めてくれるのを期待したりしたところで、何も起きません。**

また、誰も何も言ってくれないのは自分には可能性がないからだと誤解し、落ち込み、消極的な生き方になってしまうこともあります。

これは、自分の可能性を自ら狭める生き方につながります。

自分の可能性を狭めないようにするには、成長しようという意志を持ち、行動することです。

あらゆることに興味を持ち、自分にプラスになることを吸収する心意気が大切なのですね。そのために、新しい場所に出かけたり、新しい輪に入ったり、必要なことにかける時間を惜しまず行動しましょう。

人は誰でも可能性に満ちています。大人になれば、自分の中にある可能性を自分で信じ、引っ張り出し、努力しながら広げていくものなのですね！

新しいことに取り組む時間を惜しまない。

HOW TO USE TIME EFFECTIVELY

ビジョンマップで未来の自分を整理する

蒸し風呂のような地下鉄の改札を出ると、地上から「タララッタ、タッタラ♪」と楽しい音楽が聞こえてきました。

どれほどの人がこの音楽に涼しさを連想することでしょう。なぜならこの音楽は、アイスクリームを売るトラックが停まっているサインだからです。

昭和の日本でよくあった、屋台のラーメン屋さんがチャルメラを吹いていたのと同じです。トラックは音楽を流しながらゆっくり走り、街角で停車します。アイスクリーム好きの人たちは、この音を頼りにトラックを見つけ、お気に入りの一品を注文します。

地下鉄の階段を上がり地上に出ると、たくさんの人がアイスクリームトラックの前に並んでいました。荷台に小さなガラス窓があり、そこで注文をしてアイスクリームを受け取ります。

笑顔で注文している人たちを見ていると、友人のカリアがアイスクリームショップを開く夢を持っていることを思い出しました。

みんなをハッピーにするビジネスは、アイスクリームである。そんな哲学のもと、旅先では必ず現地の人気アイスクリーム店に立ち寄り、お店や商品の写真を撮り、それをノートに貼り付けています。

以前、カリアは自分のビジョンマップを見せてくれたことがあります。アイスクリームのみならず、気に入った言葉や街並み、まぶしい太陽や、笑顔でたたずむ素敵な人たち、動物の写真が貼られていました。そこには、カリアの目指す未来のイメージがありました。

カリアは、ビジョンマップを作ることで、自分のイメージが鮮明になってくることを教えてくれました。理想のアイスクリームショップがどんどん具体化してくるそうです。味のみならず、写真を撮りたくなるような見た目や店員さんのユニフォーム、店名やロゴ、店構えというように、自分の目指すものが少しずつ研ぎ澄まされていくそうです。

ビジョンマップの効果を聞いた私は、さっそく試してみることにしました。この先自分が目指したい分野のイメージ、あるいはイメージに近いものを雑誌や新聞から切り取って、ペタペタとノートに貼りました。

すると、自分の頭の中にあった漠然としたイメージが、だんだん整理されていきました。

実現可能かどうかは考えない

ビジョンマップを作成する時間は、未来の自分をイメージすることに集中しているので、ワクワクした気持ちに包まれます。

どうすれば実現できるのか、まずどこから取りかかればいいのかという目標作りは、この段階では不要です。「こんなことは高望みではないか」「私にできるはずない」というような消極的な気持ちは切り捨て、純粋に将来の自分をイメージしながら作ってみましょう。

ビジョンマップを作ると、自分が何を求めているのか、どんな人生を送りたいと思っているのかが、鮮明に見えてくるでしょう。

そして、それを実現するために目標を定め、行動を起こすという流れになっていきます。未来像がしっかりしていると、目標を立てて行動に起こすのもスムースです。

また、すごく関心を持った出来事や感動した記事には、将来の自分につながるヒントが隠れていることがあります。自分が何に興味を持ち、解決したいと思っているのかが見えてきます。

夢をかなえるため、理想の未来を実現するためには、ビジョンを描くことからスタートです。

カリアはもうひとつ、大切なことを教えてくれました。それは、ビジョンマップを毎年更新することです。自分のビジョンに毎年新しい何かをプラスしたり、不要なことを省《はぶ》いたりのブラッシュアップをするのです。

たとえば、この方面に進みたいと資格試験の勉強を数年前から頑張っているけれど、今年作ったビジョンマップには、その方面の仕事には興味のない自分が存在していた。単に当時の流行に流され、自分もやってみようと思っていただけで、本当に自分が望んでいたことではなかったと気づくこともあります。

ビジョンマップを作る時間は、自分を見つめる時間です。ブラッシュアップしながら、未来をイメージしていきましょう。

何にワクワクするのか、「今の」自分を知るのが夢への第一歩。

HOW TO USE TIME
EFFECTIVELY

自分に集中すると他人が目に入らなくなる

その日、いつものように地下鉄に乗っていると、目の前に座っている男性が車内の人をスケッチしていました。周囲の人たちは彼のスケッチブックをのぞき込み、目を丸くしていました。

列車が駅に停まると、彼の横に座っていた人が名残惜しそうにスケッチブックを見ながら下車しました。私はチャンスとばかりに大急ぎでその空いた席に移動し、彼のスケッチブックをのぞき込みました。

そこには、バラエティー豊かな人の顔がたくさん描かれていました。きっと、朝からこの席で、目の前に座る人たちを描き続けていたのでしょう。

超正統派ユダヤ教の象徴である大きなつばの帽子をかぶった紳士、ニット帽の上からイヤホンをしている女性、アフロヘアの女性、老眼鏡をかけて険しい顔で新聞を読む女性など、ニューヨークの地下鉄だからこそ出会える人々が表情豊かに描かれていました。
そのとき彼は、目の前に座って居眠りしている男性を描いている最中でした。その男性が目覚めて下車する前に絵を完成させるぞという意気込みが、ペン先から伝わってきました。

ふと、私はあることに気づきました。ザワザワした集中できない環境で、集中が必要なことに取り組んでいる彼は、もしかしたら集中力を磨いているのかもしれないと思ったのです。周囲の人にのぞかれ、ときに声をかけられても、ペースを乱さず描き続けています。

しばらくして、電車は私が降りる駅に到着しました。オフィスまで歩きながら、ニューヨーカーが他人のことを気にせず、他人にひっかき回されず、いつも凛としている理由がわかりました。

それは、**「他人のことは気にしない」と意識しているのではなく、「自分のことに集中しているので、他人のことなど目に入らない」ということだったのです。**

自分に集中できる人になれれば、周囲のザワザワが気になりません。無用の雑音は聞こえてきません。どんなときもぶれない軸を持ち、自分の人生を自分らしく輝かせることができるのですね。

それ以来、私も電車内で集中力を磨く意識を持ち始めました。ボーっとするのは止めて、考えごとに集中しています。するとパフォーマーの歌う声や、太鼓の演奏、ホームレスの演説など、賑やかな車内の音が聞こえてこなくなりました。

集中力を高めることは、ポジティブな生き方につながります。ネガティブに引き寄せられない自分をつくっていきましょう！

集中力を磨けば、雑念が入ってこなくなる。

HOW TO USE TIME
EFFECTIVELY

時間ではなく「自分を管理」する

ブラインドの隙間から見える空が、だんだん明るくなり始めたころ、隣に住むジーコの玄関の扉が静かに閉まる音が聞こえました。ベッドサイドテーブルに裏返して置いていたiPhoneに手を伸ばして時間を見ると、やはり1分の狂いもなく5時でした。

ジーコは毎朝4時半に起床し、5時から1時間、マンハッタンの西側を南北に流れるハドソンリバー沿いをランニングしています。マラソン人口の多いニューヨークは、イーストリバー、ハドソンリバー、セントラルパーク、ブルックリンブリッジ、そして自宅周辺と、誰もがお気に入りのランニングコースを持っています。

自分の好きな景色を眺めながら走るのは、これまた気分がいいものなのですよね。

朝早く通りに出てみると、仕事に出かける前の運動を終えた人たちで賑わっています。ベンチに座ってコーヒーを飲んでいる人、毎朝顔を合わすランニング友達と言葉を交わしている人、犬の散歩をしている人などさまざまです。

ニューヨークに住み始めて、人生がうまくいっている人ほど「自分管理」をしっかりしていることに私は気づきました。

たとえば、朝起きてから出勤するまで、あるいはその日の仕事にとりかかるまでの間に、数時間を設けるライフスタイルは、一日のスタートにエンジンをかけてくれるようなもので、快調に滑り出すための助走とも言えます。ギリギリに飛び起き9時からの会議に駆け込み間に合ったとしても、頭がシャキッと目覚めていなければ、会議の時間が無意味なものになってしまいますよね。

一方で、多忙により睡眠不足が続いているときは、早起きせずたっぷり睡眠をとることが元気回復のもとであり、快調な一日につながります。

そのときの自分の状態を知り、自らを正しい行動に導く。これが「自分管理」です。

「自分管理」に時間を充てている人は、笑顔が輝き、いつも元気でハッピーオーラに包まれています。

そのときの体調・気分で柔軟に

さあ、あなたももっと輝く自分になるために、「自分管理」の意識と時間を持ちましょう。

たとえば、疲れている日は帰宅後すぐに夕食の準備にとりかかるのではなく、その前にたとえ10分でも「自分管理」の時間を設けてみましょう。この10分で予定がずれるなどと考えず、この10分が助走となり、スピーディーに美味しいお料理を完成させることができると考えましょう。

10分の間に、レシピ本を眺めてみたり、飾ってあるお花の水を変えながらお部屋の換気をしたり、大好きな音楽をかけながら屈伸運動をしたり。シャワーを浴びてお気に入りの香水を一滴つけるのもおすすめです。「さあ、美味しい夕食を作るぞ〜」と気合いがわいてきますよね。

また、何が何でも手作りしなければと自分を追い込むのは止めて、今日は夕食を買って帰ろうと割り切るのもおすすめです。お料理に費やす時間を疲労回復に充てることで、元気な自分を取り戻せます。

人生がうまくいっている人は、柔軟性に富んでいます。「しなければならない」ことでも、自分の状態を確認しながら最良の選択をしています。

「自分管理」で、毎日をハッピーに回転させていきましょう！

エンジンをかける時間をとれば、最初から快調にことを進められる。

HOW TO USE TIME EFFECTIVELY

いつだって何だって一からやり直せる

真冬のニューヨーク、屋外の大きな広告《ビルボード》に多く見られるのは、ランジェリーなど肌の露出が多いものです。息も凍る寒さの中、水着姿で微笑むモデルさんは、季節を間違えている印象などゼロで、なんとも新鮮です。数カ月後の自分の姿をビルボードで微笑むモデルさんに重ね合わせ、夏を楽しみに冬を越えていくのは、私のみならず友人のリサも同じでした。数年前に大減量に成功した彼女は、しっかりと体型をキープし続けています。

そんな冬のある日、ビルボードを眺めながらラファイエットストリートを歩いていたら、リサから電話がかかってきました。

「エリカ、今ちょっと話していい？」

「いいよ。どうしたの？」

「実はね、美術を勉強するためにイタリアに留学することにしたの」

「え〜〜〜〜……イタリアに〜〜〜！！！」

起業の夢を描きながら、着々と会計士としてのキャリアを築いていたリサの趣味は、美術鑑賞でした。オークションハウスに出入りするほどの専門的知識を持ち、学生時代から勉強しているイタリア語は堪能。長期休暇には、いつもイタリアを訪れ、ワイナリーに滞在したり、シチリア島で泳いだりしていた彼女に、自分の人生の終着駅はイタリアかもしれないとは聞いていましたが、まさか今、旅立つなんて……。

私はあまりに突然の話に、英語の理解が間違っているのではないかと、自分の語学力を疑いました。しかし、どうやら彼女が言ったことを私は正しく理解しているようでした。

リサは、本当は大学では美術を専攻したかったそうです。イタリアへの留学の夢もあったけれど、両親の期待はそちらにないとわかっていたので、自分の心に嘘をついて人生の選択をしてしまいました。

もちろん、会計士という今の仕事も好きで起業の夢もあるけれど、人生の優先順位を考えたとき、美術の勉強が先である。イタリアで勉強しながら、この先の進路をじっくり考え、自分で結論を出したいということでした。

私は、人生は一度きり、勇気を持って決断した道に進むのが一番いいと、彼女の決断を褒めたたえました。

人生は一度きりだけど、一本道ではない

人生の分岐点には、誰もが出くわすものです。たとえば、大学への進学はどうするか、就職先はどの業種にするか、これからの人生をどう歩んでいくのかなど、ターニングポイントでどちらに進めばいいのか悩むのは皆同じです。

人生は一度きりですが、一本道ではありません。何度も何度も分岐点に出くわし、道が分かれることになります。その度にあなたは悩み、考え、決断し前進しますが、途中で「アッ、しまった。この道は間違いだった」と感じることもあるでしょう。

そんなときは、「じっくり考える時間」を持ちましょう。歩みを止めて、あらゆる

側面から考えてみましょう。そして、今進んでいる道が間違いだと思うのなら、引き返す勇気を持ちましょう。

今さら戻れない。
今さら言い出せない。
きっとみんなに笑われる。
お父さん、お母さんに「それみたことか！」と叱られる。
一からやり直したいなんて誰にも言えない。

これは、結婚生活や海外生活でも同じことが言えますが、「引き返す」「やり直す」ことで、周囲から冷たい視線を浴びたり、きつい言動をとられたりすることが怖い、出戻ることで自分は傷つくのではないかと心配になるのですね。

ここで大切なのは、「他人の評価は関係ない」ということです。

あなたが自分の人生を歩む理由は、他人から高い評価を得るためではなく、自分が幸せになるためです。

自分にとって何が幸せなのかをじっくり考え、決断を導き出しましょう。道を間違えたと思ったら、引き返す勇気と強さを持ちましょう。

たとえば、大学に進学するのに多大なお金を払ってくれた両親に申し訳なくて、中退して進路を変えたいと言い出せない。嫁入り支度にお金をかけ、盛大に送り出してくれた両親に離婚したいなんて親不孝なことを言えない。このように複雑にからみあった事情が、さらにあなたを苦しめてしまうこともあるかもしれません。

しかし、大学に進学させてくれたのも、嫁入り道具を用意してくれたのも、それはあなたに幸せになってほしいからです。

周囲が一番願っているのは、あなたの幸せです。そして、あなたが願うのも自分の幸せです。だから、何も心配せず、自分にとって何が幸せかを考え、決断していきましょう。

人生は、一度進んだら最後でもないし、引き返せないわけでもありません。何度だって、一からやり直しができます。間違えても軌道修正ができます。そのために必要なのが、「考える時間」を持つことと、決断する勇気、それを信じて進む強さです。切磋琢磨しながら歩む人生は幸せです。経験は次への学びとなり、分岐点に差し掛かったとき、今まで以上に慎重に考える自分に成長していきます。人生の目的は、自分が幸せになることです。一歩一歩、自信を持って輝きながら歩んでいきましょう。

「何か違う」と感じたら、他人の評価は気にせずじっくりと考える。

HOW TO USE TIME EFFECTIVELY

面倒なことでも避けずに頑張ってみる

「やっぱりパーティー屋さんに頼むべきだったね」

まだ始まってもいないサプライズパーティーの準備に大汗をかきながら、私とカイリーはお互いに顔を見合わせました。

部屋中を風船で埋め尽くそうと考え、パーティーショップで70個の風船を膨らませてもらったものの、どうやって持って帰るかと途方に暮れていたのです。

タクシーには、バックミラーが見えないから風船は乗せられないと乗車を拒否されてしまいました。

カイリーは言いました。

「エリカ、車じゃだめだね。私たちにはトラックが必要よ」

「トラックってレンタカーだよね。引っ越しで借りるアレでしょ？　もしくはヒッチハイクでもする？」

私がそう答えると、カイリーの目がキラッと輝きました。

「エリカ、あなたは天才よ！　ヒッチハイクでいこう」

そう言ったとたん、激しく車の行きかう大通りに飛び出していきました。

見た目ゴージャスなカイリーの威力がこんな場面で発揮されるとは、本当に人生って面白いものだと考えながら、トラックはカイリーに任せ、私は膨らませてもらった風船を10個ずつ大きなビニールに包んでもらいました。すると、ショップの入り口からカイリーが「エリカ、トラック見つけたよ！」と叫びました。


パーティーショップの前には、家具の配達を終えた家具屋さんの箱型トラックが停まっていました。その荷台は広く、風船がうまい具合に収まりました。運転席にギューギューで3人座り、ほんの10分でカイリーのアパートへ到着しました。

運転手さんはとても親切で、すごい数の風船をエレベーターホールまで一緒に運んでくれました。カイリーがお礼のチップを渡そうとしたら、「パーティーを楽しんでね」と受け取らずに帰っていきました。

ほんの10分前まで悲壮感に包まれていた私たちは、達成感と幸せに包まれました。

見方を変えれば学びになる

その日はクロエのサプライズ・バースデーパーティーでした。いつもなら仲良しの友人たちがレストランに現地集合ですが、婚約のお祝いも兼ねて、クロエの家族や知り合いが全員集まることになっていました。知らないのはクロエだけです。カイリーは、足首を痛めたと嘘をつき、部屋まで迎えにきて欲しいと頼んでいました。

私とカイリーにとっては、初めて会う人たちが集うパーティーであり、宗教上の理由やアレルギーなどにかかわらず、すべての人が楽しめるパーティーフードや飲み物を用意しなければなりませんでした。

多民族都市で生きる際に大切なのは、人は自分とは違うことを前提に、相手を尊重する姿勢です。日本で生きてきた私には、まったく新しい分野のことで、どうすればいいのか知らないことだらけでしたが、カイリーはいつも丁寧にいろんなことを教えてくれました。

たとえば、ホリデーシーズンの合言葉は「メリークリスマス」ではなく、「ハッピーホリデー」であること（キリスト教徒以外の人も大勢いるから）。雨の日に傘をささずに濡れている人がいても、気にしなくていいこと（どんなに土砂降りでも、傘をささない人たちもいるからです）。お寿司を用意するときは、生魚を食べない人もいるので、サラダ巻き、カッパ巻き、おしんこ巻きなどの魚が入っていないものも必ず手配することなどです。

新しいことを学ぶというのは楽しいものですよね。しかし、もし自分が興味のない分野だったり、手間に感じるものであれば、面倒だと感じることもあるでしょう。たとえば、職場や地域、子供の学校のお役を任されたときなど、こんなつまらないこと、こんな雑用、なんで私がしなければならないのか、避けたいと思うことがたくさん出てくるかもしれません。

しかし、それらの中には、奥深い学びや知識、いいことが潜んでいるものです。それを見つけるつもりで取り組めば、ストレスな時間が楽しいものに変わります。

自分の小さなものさしではかろうとせず、もっと大きな気持ちで取り組んでみると、いい人間関係に発展したり、自分の頑張りが予想外の抜擢につながるなど、幸運が舞い込んできます。そして自己成長へとつながっていくのですよね。

私が新卒で入社した会社でのことです。ある日、先輩が「大量の封筒を速く糊づけする方法」を教えてくれました。社会人とは仕事をバリバリこなす人というイメージを抱いていた私は「封筒の糊づけ」という仕事にショックを受け、そんなことはマスターしたくないと密かに思いました。しかし、できないと「こんなこともできない新人」だと過小評価されてしまいます。いやいやながらも習い、大量の封筒の糊づけならば誰も負けない人になれたものの、こんなこと社会で役立たないと思っていました。

しかし、ニューヨークで選挙ボランティアをしたときにこの特技の出番がやって来たのです。何万人もの人たちに送るダイレクトメールの封を神業のように閉じていく私の評価は素晴らしいものでした。選挙終盤にはテレビ局にまで連れて行ってもらえるほど昇格でき、世界が広がりました。

いわゆる雑用で培った能力はどこかで必ず生かされ、光を浴びるときがあることを経験し、何ごとにも成長意識を持って取り組む大切さを学びました。

人が成長しないのは、その人に成長しようという意識がないからです。面倒だと感じることを、面倒に感じない自分に変えていくことで、新しい世界が広がっていくのですよね。

「誰かがやってくれたら」は成長のチャンスを逃す

ニューヨークに住み始めて間もないころ、私はあらゆる人たちが一堂に集う会の幹事をすることを負担に感じていました。間違いは許されないうえに、味覚の違う人たちが何を美味しいと思うか見当もつかなかったからです。多民族都市に生きてきた人が幹事をしてくれたら、自分は助かると思っていました。

しかし、ある日、助かるという考えは成長を放棄することだと気づいたのです。負担のかからないラクなことばかり選んでいては、それ以上のことができる自分にはなれません。そこがリミットの人になってしまいます。

自分の知らない知識をつける時間を持ち、新しいことを学んでいくことが、自分の将来に必ずプラスになると思いました。そして、今ではそれが役立ち、みんなに喜んでもらえるお手伝いができるようになりました。

避けたいことを、避けずに頑張ることは、必ずプラスになります。どんなにつまらないことにも必ず小さな学びがあり、それを積み重ねていく意識が自分をアンリミテッドに成長させてくれるのですよね！

その晩、クロエのサプライズパーティーに集まった人たちは、何も知らない彼女がカイリーの部屋に迎えに来るのを、今か今かとワクワクしながら待ちました。そして受付からクロエが来たと連絡が入ると、「シー、シー、もうすぐ来るよ」と全員ピタッと声をひそめました。

ピンポーンと呼び鈴が鳴り、カイリーが室内から「クロエ、私立てないから扉開けて入ってきて！」と叫びました。

クロエが扉を開けた瞬間、みんなでクラッカーをパーン、パーンと鳴らし、一斉に「ハッピーバースデー！」と言いました。

そのときのクロエの驚きと嬉しさの入り混じった顔は、今でも忘れません。天井に浮かぶたくさんの風船に包まれたパーティーは大成功で、一生思い出に残る時間となりました。

意識を変えれば、新しい世界が広がっていく。

HOW TO USE TIME EFFECTIVELY

「今の自分」を素直に受け入れる

五番街で偶然通りかかったロシアのお土産物屋さんのショーウィンドウに、マトリョーシカが飾られていました。昔、祖父がロシアのお土産として買ってきてくれて、大喜びしたことを思い出しました。

久しぶりに見たマトリョーシカが懐かしく、その色鮮やかなデザインを丹念に眺めていると、小さなお人形が大きくなっていく様子が、まるで人の成長のように見えてきました。

あなたは、将来どのように成長していたいと考えていますか？　こんなふうになっていたい、あの人みたいになっていたいというイメージはありますか？

イメージする自分に成長するために大切なのは、「今の自分を素直に受け入れること」です。長所も短所も、いいことも悪いことも、すべて受け入れましょう。そうすることで、「よし、私はできる」「よし、頑張ろう！」

と自分を信じ、自分を動かす力が湧き上がってきます。

失敗は「良い状態」にして残す

たとえば、以前に大失敗した経験があるとします。そのときに、「嫌なことがあった」「辛いことがあった」「思い出したくない」というネガティブな言葉で放置していると、次に同じ場面に遭遇したとき、「またあのときのように失敗するのではないか」と自分を不安にさせます。

失敗した経験が、自分の中に良くない状態で残っている限り、いつまでたってもそこから成長できないのですよね。

ネガティブな出来事は、ネガティブな結末で終わりにせず、ポジティブに変換しておきましょう。「私はこの経験から○○を学びました」とポジティブな結末にもっていくのです。

たとえば、「バーゲン」の文字につられて衝動買いをしてしまった。バーゲン商品は返品不可だとわかっていたけれど、このお洋服は自分のサイズだと思ったら試着しないでたくさん買ってしまった。なのに、どれもこれも小さくて入らない。

こんなとき、無駄遣いしたことを忘れたいからと、買ってきたお洋服をクローゼットの奥の見えないところに隠しても、何の解決にもなりません。

ここであなたがすべきことは、この出来事をポジティブな結末に変えることです。

「私はこの経験から、慌ててお買い物をしないことを学びました」

この経験をした自分を、自分の中に受け入れることで、ひとつ成長できたことになります。そうすると、入らないお洋服が入る体形になろうと考えたり、妹にあげようと考えたり、フリーマーケットに出店しようと考えたり、何かワクワクするアイディアが浮かんでくることでしょう。クローゼットを開けるたびに、ガクッと肩を落とすことはなくなります。

今の自分を受け入れることが、成長への道しるべなのですよね。

どんな経験も葬り去らず、まるっと受け入れよう。

Erica's

TIME MANAGEMENT LESSONS

美しい人は幸せな時間の使い方を知っています。
それは、時間に振り回されるのではなく、自分が時間を操ることです。
時間が船なら、キャプテンはあなたです！

WEEKEND
［休日］

6

7

8

9

10

11

12

13

14

15

16

17

18

19

20

21

22

23

24

現在の時間の使い方を振り返ってみましょう。

機械的に1日を送るのではなく、自分に輝きや潤いを与える時間もつくっていきましょう。

WEEKDAY
［平日］

6
7
8
9
10
11
12
13
14
15
16
17
18
19
20
21
22
23
24

Lesson 1

時間はつくり出せる！

Q 時間を使いすぎ（減らしたい）と感じるのは、
何をしている時間？

A

Q 「楽しい！」と輝く（増やしたい）のは、
何をしている時間？

A

Q シャッフルしたらよさそうな時間はありますか？

A

Q 「自分に戻る時間」を持つためには、どこを調整すればよさそう？

A

Q 幸せな未来、夢をかなえるための時間はありますか？

A

Lesson
2

「時」への考え方を変える

時間は心の在り方次第で、楽しくもなり、退屈にもなります。
これは自分次第で価値あるものにしていけるということなのですね。

Q 気になって心にひっかかって
いることはありますか？

A

Q 「今日は充実していた」と感じるのは、
どんな日ですか？

A

Q 「楽しい1日にしよう」と
毎日自分に話しかけますか？

A

Q 最近した失敗から
学んだことは何ですか？

A

Q 今日、笑顔になったことは
どんなことですか？

A

Lesson 3

人生に「スペシャル」を加える

新しい時間の使い方をプラスして、
さらに輝く人生をつくっていきましょう。
小さな決意や行動が、大きな幸せにつながります。

Q　明日、何も気にせず
好きなことをしていいと言われたら、
何をしますか？

A

Q 再開したいお稽古ごとはありますか?

A

Q 自分をデートに誘うとしたら何をしますか?

A

Q 次のお誕生日のプランを立てましょう。

A

Q ちょっぴり背伸びをして
やってみたいこと、買いたいものは？

A

Q 親が元気なうちに
してあげたいことは何ですか？

A

Q 愛する人のために
してあげたいことは何ですか？

A

Q 一人旅をするなら、
どこに行って何をしたいですか？

A

Lesson 4

「したいこと」から予定を入れる

さあ、いよいよ最後のレッスンです！


Lesson3で書いたことは、あなたの「やりたいことリスト」です。さあ、手帳を開いて、予定として書き入れましょう！「しなければならないこと」ではなく、「自分がしたいこと」から予定を埋めていくのです。

英語に"Life is short. Eat dessert first." ということわざがあります。意味は「人生は短いのだから、自分の好きを大切にしよう」です。デザートが好きならば、デザートから食べてもいいのです。時間を言い訳にして「自分がしたいこと」を後回しにしたりせず、優先させましょう。

たった一度の自分の人生、心豊かに幸せに生きていきましょう！

何かを見出す時間

MAKE TIME FOR MYSELF

HOW TO USE TIME
EFFECTIVELY

ときには
雑談を楽しむ

あと15分早かったらボディーオイルが買えたのに、と閉店したショップを残念な気持ちでのぞいていたら、となりのショップの前から声が聞こえてきました。

「ベン、ウソじゃないの。お店はもうクローズなのよ」

お母さんが駄々をこねる子供に優しく言い聞かせているようでした。もう夜の10時過ぎなのに、寝なくて大丈夫なのかと、声が聞こえてくる方向に顔を向けました。

「えぇっ！」

私は可愛い駄々っ子を見て驚きました。人の気配がまったくない店内をのぞきこみ、がんとして動こうとしないのは、子供ではなく仔犬でした。飼い主の女性はリードをグイグイっと引っ張って合図を送りながら、また同じことを言いました。

「ベン、私を信じて。閉店だって書いてあるでしょ」

仔犬のベンは彼女の問いかけに知らん顔して一向に動こうとしません。きっと、今日いい子でお留守番をしていたら、おやつに骨を買ってもらえる約束だったのでしょう。諦めがつかないベンは、誰かが出てきてくれることを期待している様子でした。子供と母親のような微笑ましい光景を横目に、人々が通り過ぎていきました。「行くわよ！」と強引に引っ張ることをせず、納得するまで話しかけられている仔犬のベンの様子がなんとも愛らしく、私は近づいて声をかけました。

「ベン、明日また来たらいいじゃない」

そして、ベンの頭をなでながら、ほんの少し飼い主の女性と雑談を楽しみました。

私はこの雑談で、お目当てのお店が閉まっていたショックがすっかり消えました。あのまま誰とも話さず歩いていたら、きっと足取りは重かったことでしょう。でも、ちょっとした会話を交わしたことで、気持ちが瞬時に入れ替わったのです。深夜まで開いているお店がたくさんあるタイムズスクエアに行ってみようと、歩き始めました。そして、夜のお散歩もいいものだと、はればれした気持ちになっていました。

誰かと交わすちょっとした雑談は、気持ちの切り替えのみならず、何か新しいヒントにつながるものなのですよね。

思考が停滞していると感じたときにも、雑談はおすすめです。一言、二言、誰かと言葉を交わすことで、自分の内側に向かっていた矢印が外に向きます。

おしゃべりを時間の無駄などと考えず、プチコミュニケーションでひらめきを手にしましょう！

ちょっとしたおしゃべりで、自分に新しい風を通す。

HOW TO USE TIME
EFFECTIVELY

小さなことから始めてみる

自分の人生、本当にこれでいいのか。どこか不完全燃焼の気持ちを感じながら、どうすればいいのか途方に暮れることはありませんか？

実はやりたいことはあるけれど、怖くて一歩も踏み出せない。そんなとき、かなわぬ夢だと諦めて夢は夢のまま放置するべきか、勇気を出して一歩前に出るべきか、答えが出ないまま、時ばかりがどんどん経過してしまうことがあります。

周囲を見渡せば、誰もが情熱的に人生を楽しんでいるように見えてしまう。天職につき、仕事もプライベートも充実しているとアピールしている、気になる人のブログを読むたびに落ち込んでしまう。

どうすればこのさえない毎日、家と会社の往復だけの機械的な日常を変えることができるのだろう。考えても、考えても、答えが見つからない。時は確実に経過しているのに、自分の思考だけは時の流れについていけず、数年前から堂々巡りということもあります。

「なぜ」踏み出せないのか？　理由を考える

考えているだけでは、来年の今日も同じことを考えているでしょう。変わりたければ、変わるための行動が必要です。誰かに背中を押してもらったり、勇気を与えてもらうことを期待したりせず、その役目は自分で果たしましょう。

「私なら絶対にできる！」と自分に声がけしましょう。自分を動かせるのは自分しかいません。誰かに背中を押してもらっても、自分がゴーサインを出さない限り、足は前に出ないのですよね。

では、なぜあなたは一歩も前に踏み出せないのでしょうか？

前進できない自分を悲観して悩むよりも、「なぜ」の部分に着目して考えてみましょう。もしかしたら、その計画が無謀だからかもしれません。

たとえば、起業しようかと悩んでいるとします。その勇気が出ないのは、起業する準備が整っていないことを心の奥底では気づいているからではないでしょうか。

起業の動機が、今の会社が嫌いだから、経営者の名刺を持ちたいから、キラキラ女子の仲間に入って目立ちたいから、時間を自由に使って収入をアップさせたいからなどであり、事業を興す本来の理由にはそぐわないと感じているからではないでしょうか。

なぜ自分は前に踏み出せないのか。その理由のひとつには、恐怖や不安があるでしょう。しかし、それ以外にも見落としている理由が必ずあるはずです。まずはそこをクリアにしましょう。

大きなことを成し遂げようとすると、プレッシャーがかかり恐怖を感じるものです。ですから、まずは、小さなことから始めてみましょう。小さなことを確実に成し遂げることが、大きな変化につながっていきます。

もし起業したい夢があるのなら、継続したビジネスとして成り立たせるために、今すべき小さなことを書き出し、一つひとつ丁寧に取り組んでいきましょう。転職をしたいなら、そのために必要なことを調べるなど、情報収集から始めるのもよいでしょう。

その小さなひとつの行動は、あなたに恐怖や不安を与えません。逆に、夢に近づいている実感や、頑張ろうという熱い思いを抱かせてくれます。

今の状況を嘆く時間があったら、それを**「すべきことをリストアップし、小さなことから始める時間」**に変えていきましょう。そうすることで、時の経過とともに一歩一歩前進している自分に出会えます。時間の使い方を変えるだけでそんな自分に出会えるなんて、素敵なことですよね！

「小さな自信」の積み重ねが、「大きな行動」を引き起こす。

HOW TO USE TIME
EFFECTIVELY

手帳を持っているのは何のため？

日本への帰国日がせまると、私は食べたいもの、買いたいもの、行きたいところ、会いたい人、したいことを手帳に書き出し始めます。そして、限られた時間内にすべてが達成できるようにリストにまとめるのですが、これは海外旅行に出かける前に作る現地での行動計画表とまったく同じです。

自分の生まれ育った国に行くことが、こんなにワクワクして楽しいことだとは、海外に住むまで考えもしませんでした。ふるさとの魅力というのは、離れて初めてわかるものなのですよね。

「日本へ行ってくるね」とニューヨークの友人たちに話すと、ユニークな文房具《ステーショナリー》を買ってきてと頼まれます。日本のメモ用紙やペンの種類の多さは、世界一ではないでしょうか。以前「消せるボールペン」を友人にプレゼントしたら、日本のテクノロジーは素晴らしいと感動されたことがあります。確かに、ステーショナリーの進化に乏しいアメリカから見ると、日本製品はアッと驚く魅力に満ちています。

その日もニューヨークの友人たちへのお土産を買おうと、ステーショナリーが豊富な大阪のお店へ出かけたところ、年末ということもあり、たくさんの手帳が並んでいました。

ニューヨークではお目にかかれない光景に舞い上がった私は、お土産探しそっちのけで手帳を一つひとつ手に取り始めました。テーマがある手帳も多く、営業成績が上がる、時短できる、夢がかなう、家族との時間が持てるなど、どれも興味深いものばかりでした。

しかし、多くの手帳が細かいスケジュールを書くようにデザインされていました。さらにそれらを細分化して記載するページがあったり、仕事とプライベートを分けて2冊使いを推奨するものもありました。

私はふと、アメリカで売られている手帳を思い出し、「何のために手帳を持つのか」と疑問に感じました。

時間管理をするための手帳なのに、これでは書くことに時間がかかりすぎではないのか。時短に有効な手帳とアピールされていても、それは買う人のライフスタイルによりけりであり、誰にでもプラスに作用しないと気づいたのです。もしかしたら、「書くこと」が目的の手帳になっているのではないかと感じました。

手帳を使うのは、限りある時間を有意義に使うためです。仕事とプライベートを自分らしく充実させ、幸せな生き方を実現していくためです。日頃の口グセになっている「時間がない」が本当かどうかを見つけるため、上手にスケジュールを組むスキルを高めるため、自分の生き方を磨いていくためとも言えるでしょう。

手帳の目的は、「書くこと」ではありません。書いたことを「実現」していくことに価値があります。

自分に合った手帳を選ぶ

手帳に書きこむことが楽しい、それがひとときの憩いの時間という方もいらっしゃるでしょう。かわいいシールを貼ったり、イラストを描いたりするのは楽しいものですよね。

しかし、「なぜ自分は手帳を持つのか」「手帳を持つことで、自分はどうなりたいのか」を明確にして選ばないと、時間の浪費になってしまいます。

年末や春になると、「できる女の手帳拝見」のような、手帳や時間の使い方についての記事が雑誌によく掲載されます。ぎっしり書き込まれた過密スケジュールを見て、「わぁ〜恰好いい〜」と思うこともあるのではないでしょうか。

しかし、雑誌で見たあの人のように、過密スケジュールがあるわけでなく、手帳のページはなかなか埋まらない。どうにかしてページが埋まるようにと、スケジュールを立てる——このように、手帳に管理された時間や人生になっていく可能性だってあるのです。

アメリカの手帳は、半世紀前から同じかもしれません。至ってシンプル、予定を書くことが目的です。もちろん、進化した手帳もありますが、それは万人向けではありません。

憧れの人が「○○手帳」を使っているから、雑誌で見て流行っていそうだったから、という理由で手帳を選ぶと、自分の人生を輝かせるアイディアを練る大切な時間を失います。

誰もが違うライフスタイルで生きています。自分とは違う人生を歩んでいる他人の時間の使い方は、参考になる部分だけを取り入れるようにしましょう。

そして、「手帳」を使いこなせていることに満足するのではなく、「時間」を上手に使い、書いたことを実現させる自分を目指しましょう。

手帳に管理される人にはならない。

HOW TO USE TIME EFFECTIVELY

青空の下でコーヒータイム

セントラルパークの芝生広場にピクニックマットを広げ、大の字に寝転んで青空を見上げていると、ここがニューヨークだということを忘れそうになります。

遠くから「アイスウォータ、アイスウォータ、ハイネケン」ともぐりの物売りの人の声が聞こえてきました。ニューヨークでは、公共の場での飲酒は法律違反ですが、こっそり飲む人もいるため必ずハイネケン（ビール）も含まれています。

一年前と同じ声の響きは、ようやく夏が来た喜びを感じさせてくれました。昨年は、夏が終わりに近づくと、この声にもすっかり慣れ、「もう少しトーンを抑えてくれたらいいのに」と感じたものですが、今日ばかりは違います。懐かしい声と青空が、生きていることを実感させてくれました。

そろそろ友人のリリーが来るころだと起き上がり、後ろにあるフェンスの入り口付近を見ると、フリスビーを楽しんでいるグループの隙間から、こちらに歩いてくるリリーの姿が見えました。私は立ち上がり、「ここ、ここ」と大きく手を振りました。

朝から晩までオフィスで仕事のリリーの休日は、自分で買ったカントリーハウスへ行ったり、マンハッタンでピクニックを楽しんだりと、青空の下で過ごす時間を大切にしています。**太陽の日差しを浴びると体内のホルモンが活発に動きだし、疲れて作動しなくなった体内時計の調子が元に戻るそうです。**

私は買っておいたコーヒーをリリーに手渡し、リリーはお気に入りのお店で買ってきたサンドウィッチをカバンから取り出しました。

青空の下で楽しむブランチは、コンクリートジャングルで生きる私たちにとって最高に幸せな時間です。特別なものは何もありません。あるのは青空とコーヒーとサンドウィッチだけ。これだけで、最高に贅沢な時間が持てるのです。

「そうそう、エリカにお土産があるよ」と、リリーがカバンから見たことのある包みを取り出しました。カリフォルニアの出張先で買ってきたというソレは、どう見ても「風呂敷」でした。あっけにとられて見ている私の前で、その風呂敷の結び目をゆっくり丁寧にほどき、中から「ブルーボトルコーヒー」の豆が入った袋をふたつ取り出しました。コーヒー好きの私のために、コーヒー豆を買ってきてくれたのです。しかし私は、豆よりも風呂敷のほうが気になっていました。

カリフォルニアのベイエリアにあるブルーボトルコーヒーに立ち寄ったとき、この風呂敷の弁当バッグとコーヒーのセットを見つけたそうです。

この布は、オフィスに持って行くランチやバナナを包んだり、履き替える靴を包んだり、とにかく便利過ぎて手放せないとリリーは言いました。もちろん、これが「風呂敷」という名の日本文化から生まれた製品であることも知っていました。

私はピクニックマットにゴロンとひっくり返り、青空を眺めながら、ビジネスチャンスについて考えました。

日本人の私が持っていない風呂敷をアメリカ人のリリーが持っていて、なおかつそれを毎日愛用している。これを製造し売っているのは日本人ではなく、その魅力にとりつかれたアメリカ人である。もしかして、日本人はビジネスチャンスを逃しているのではないかと考えたのです。

しかし、日本製品を広める権利は日本人にしかないというルールがあるわけではないし、世界に風呂敷が広まり喜ばれることが重要なのだと結論づけました。

このように、青空の下で大地の恵みを感じながらコーヒーを飲む時間というのは、私にとって、日頃考えないようなテーマと素直に向き合える時間でもあります。

自然の恵みというのは、言葉にできないほどの元気や幸せ、思いがけない気づきを運んできてくれるのですよね。あなたもぜひ、青空の下でコーヒーを楽しむ時間を持ってみてください。

晴れた日は外へ出て、自然の中で過ごしてみましょう!

HOW TO USE TIME EFFECTIVELY

「心に残ったことについて考える時間」を持つ

廃墟のようなビルの前でタクシーを降りた私は、友人でファッションモデルのアドリアーナに言われた通り、開けっ放しのドアから建物の中に入り、大きな鉄板の扉の横にある小さなボタンを押しました。

どこか遠くのほうで「チンチン、チンチン」と響く音が鳴り、ガタガタ、ガタガタとエレベーターが降りてくる音が聞こえました。しばらくすると、ガタンと大きな音を立てて止まり、目の前の鉄板の扉が静かに外側に開きました。そこには、タキシードを着た男性が立っていました。

私は何も言わずエレベーターに乗り込みました。男性は、外側に開いていた扉を手慣れた様子で閉め、内側の金網の扉もスライドさせて閉めました。

100年以上前に作られたと思われる手動式のエレベーターには、オレンジ色のむき出しの豆電球が光り、不気味な雰囲気を漂わせていました。エレベーターの中には大きなレバーがあり、男性がそれを右に動かすとガタガタと音を立てて上がり始めました。

ほんの1分が1時間に感じられるほど長く、ようやく目的の5階に到着しました。男性はエレベーターを外扉にぴたりと合わすために、左、右とレバーを微妙に動かし、その度にエレベーターがガタン、ガタンと激しく揺れました。


ニューヨーカーは秘密の隠れ家のような場所が大好きですが、この廃墟みたいなビルで本当にファッションショーがあるのかと、私は不安になっていました。

エレベーターの扉が開くと、そこにはタキシードを着た別の男性が手にiPadを持って立っていました。早く降りたい私を制止するかのように、「お名前は?」と聞きます。ゲストリストに名前がない人は、このエレベーターから一歩も降ろさないぞというムードが漂っていました。

一刻も早くこの異様な雰囲気から抜け出したい私は、アドリアーナの招待のエリカだと告げながら、男性の後ろに広がる空間を見て驚きました。

暗闇にまだ目が慣れていないとはいえ、いくら目をこらしても、そこには何もないどころか、誰もいなかったからです。

男性は小さな懐中電灯を差し出し、奥の非常階段を上るように言いました。ドレスコードはブラックタイだったので、ロングドレスにハイヒールを履いていた私は、ドレスの裾を持ち上げて非常階段に向かいました。

そういえば、オフブロードウェイのショーでも、このような不気味な演出のものがあったことを思い出しました。ニューヨーカーの時を楽しむ心意気は群を抜いているけれど、お化けが怖い人ならば絶対に前に進めないだろうと考えながら、まるで肝試しのような時間をいつしか楽しんでいました。

非常階段の扉を開けると、ようやく上階から楽しい音楽が聞こえてきました。明るく照らされた階段を上り、開けっ放しの扉から中をのぞくと、まるで社交界の晩餐会のようなきらびやかな光景が広がっていました。

タキシード姿のウエイターがトレイにシャンパンを載せて会場を歩いています。私はグラスを受け取り、すでに始まっているファッションショーのステージへ近づきました。

スポットライトに照らされたステージに次々と登場するモデルさんたちは、誰もが自信に満ちあふれ、堂々としていました。その内面がドレスをさらに美しく引き立てているように感じました。

しばらくして、アドリアーナが登場しました。真っ赤なシフォンのイブニングドレスを大胆になびかせながら歩く姿は、息をのむ美しさでした。

自信は自分でつけていく

私は以前アドリアーナに、「誰もがうらやむ美貌を持って生まれるということは、自信と共に生まれてきたようなものだよね」と話したことがあります。

「エリカ、それは違うよ」アドリアーナは言いました。

誰が見てもパーフェクトにキレイな人でも、自信のない人はたくさんいるし、モデル社会で生きることは、自信喪失の連続だと言いました。そして、自信は生まれつき持っているものではなく、つけていくものだと教えてくれました。

当時の私は自分に自信が持てずにいました。ひとつ失敗するごとに自信を失い、どうすれば自信を元の位置に引っ張り上げることができるのか、深く考えていました。

そんなときにアドリアーナと出会い、自分を信じて人生を歩んでいる人の特徴に気づいたのです。

自信のない人は、物事が始まる前や取り組む前からネガティブに考え、決めつけて考えるクセがあります。

自分にはできない。

自分には無理に決まっている。

自分には似合わない。

どうせ自分なんて……。

もちろん、過去の体験がそう思わせるのでしょうが、自信のある人は過去が失敗だらけだったとしても、「また失敗するに決まっている」とは考えません。思い込まないのです。

心の声は、いつでも自分を励ましてくれる

自信とは、自分の内なる声を信じることです。

でも、心の声が「また失敗するに決まっている」とささやいたら、自信は持てませんよね。心の声に「今度は大丈夫に決まっている」とささやかせねばなりません。そのためにすべきことは、小さな成功体験を積み重ねていくことです。

アドリアーナはオーディションに落ちるたびに、自信を喪失していたそうです。モデル失格の烙印を押されたような、才能を否定されたような気持ちになり、その自信のなさが雰囲気に出てしまっていたそうです。

そこで、**成功体験を積み重ねるために、大きな仕事ばかりを狙わずに、小さな仕事も入れていくことにしました。**そうすることで、採用率が上がり、ショーの経験数が増え、小さな成功体験とともに自信もアップしたとのこと。

私は「なるほど」と大きく膝を打ちました。

私たちの日常生活でも、小さな成功体験を積み重ねることはいくらでもできます。

・今日のお洋服のコーディネートはバッチリだった
・メイクアップが上手にできた
・新しく挑戦したネイルカラーが似合った
・早足で歩いたら、電車の乗り継ぎが上手くいった
・家事の順番を変えてみたら、1時間も自分時間ができた
・勉強方法を変えてみたら、英語が以前よりスムースに話せるようになった
・ちょっとしたアイディアを伝えたら、お客さんに感謝された

ネガティブな思い込みを手放すことが小さな成功につながり、それを積み重ねることで、自信がついていくのですね。自信がついてくると、心の声が、「あなたならできるよ」といつもささやいてくれます。

私はアドリアーナになにげなくつぶやいた一言から、人生の大切なことに気づかされました。誰もが自分の人生に真剣に向き合い、克服しながら頑張っていることを知り、励まされ、勇気をもらいました。自信をつける方法を知った私は、小さな成功体

験を積み重ねながら、自分らしさを取り戻すことができました。

日常の些細な会話や目にするものの中には、たくさんのヒントが隠されています。自分の心に残るものについて考える時間を持つことで、何か大切なことに気づくことができるのですね。

ヒントは日常の些細なことに隠れている。

HOW TO USE TIME
EFFECTIVELY

種をまいたら芽が出るのをワクワクして待つ

大都会ニューヨークには日系のスーパーマーケットがあり、日本と同じ食材を購入することができます。その日私は、パックに入った5枚入りの大葉の「3ドル（約320円）」という値札をにらみつけていました。食べたいけれど、お値段に折り合いがつかなかったのです。

この出来事を、同じオフィスビルで働く、日本食が好きな友人のマイクになにげなく話しました。するとマイクは、「エリカ、大葉を買ってるの？」と驚き、自分はプランターで大葉を栽培しているから、大葉の種を持ってきてあげると言いました。家庭菜園の知恵がまったくなかった私は、そんな方法があったのかと驚き、彼の申し出に大喜びしました。

翌日、マイクは土の入った小さなプランターと、大葉の種を持ってきてくれました。きっと、私がどんな土に植えたらいいかわからないだろうからと、気を利かしてくれたのです。日当たりのいいところに置いておけば、必ず芽が出ると教えてくれました。

それからは朝、プランターに大切に水をやりながら、大葉の芽が出てこないかと楽しみにする毎日が始まりました。

過程を楽しむ意識が、「今」を充実させる

「種をまいて育てる」とは、夢や目標の実現にたとえることができます。

なかなか思うように芽が出ないと、見えない未来への不安が増大することがあります。辛く厳しい状況に直面し、眠れない夜を過ごすこともあります。

私もニューヨークに暮らし始めてから、このような日々を過ごしてきました。まいた種が芽を出すことを楽しみに待つ余裕など、まったくなかったのです。

その理由は、芽が出ることばかりを考えていたからです。芽を出すには、日当たりのいい場所に種をまき、水をあげて大切に育てなくてはなりませんが、その過程が重要であるという意識が抜けていたのです。

やはり人間というのはせっかちな生き物で、結果ばかりを追い求めてしまう傾向が

あります。しかし、結果に至るには過程こそが大切です。

夢を育てながら、プランターにお花や野菜の種をまいて育ててみましょう。毎朝プランターにお水をやりながらワクワクする時間は、夢の結果を求めて先走る自分を冷静にしてくれます。また、楽しみに待つ心の余裕も与えてくれますよ。

もし枯れてしまったら、もう一度種をまきましょう。そして、芽が出ると信じて、大切に育てながら楽しみに待ちましょう！

マイクがくれたプランターからは、ある日、ついに大葉の芽が出ました。それからアッという間に大きくなり、大葉が次々とつき始めました。私はパスタにかけたり、パンに載せたり、毎日収穫する喜びに包まれました。

「育てる時間」を楽しもう。

第5章

女としての自分を楽しむ時間

MAKE TIME FOR MYSELF

HOW TO USE TIME
EFFECTIVELY

自分をデートに誘い出す

楽しいお出かけのお誘いは、気持ちがパッと明るくなるものですよね。着ていくお洋服を探しにショッピングに出かけたり、ヘアサロンの予約を入れたりと、自分の中の「作動」スイッチが突然入ることがあります。

でも、恋人募集中で友達が少ない自分は、職場と家の往復だけの退屈な日々を過ごしている。ワクワクすることはほとんどない。「かなえたい夢のリスト」には、行きたいところ、食べたいもの、挑戦したいことをたくさん書き出してはいるものの、何もやれないままに月日が過ぎている。どうすれば、この状況から抜け出せるだろう？

――そんなふうに考えている方はいらっしゃいますか？

もしそうだとしても、きっかけさえあれば、行動的な自分になれ、退屈なルーティンから抜け出すことができるはずです。

そこでおすすめなのが、誘いを待たず、自分で自分を誘うことです。自分とのデートの約束を入れましょう。自分は何をしているときが楽しいだろう、どんなことが好きだろう、どこに行きたいだろう。自分に問いかけて、デートプランを立てましょう。

短時間でも、本当の自分を取り戻せる

自分とデートするなんて、そんなの不気味だと感じるでしょうか。それは違います。自分で企画するからこそ、期待は絶対に裏切られません。**自分を満足させられるのは、この世にただひとり、自分だけ**なのですから。

たとえば、

- 香りのいいキャンドルを灯して、キャンドルナイトを楽しむ
- ちょっぴりセクシーにバブルバスを楽しむ
- 観たかった海外ドラマシリーズを全部借りて、ノンストップで観る
- おにぎりを作ってハイキングに出かける

・本屋さんに併設されたカフェで、話題の新刊を読む
・文化遺産に触れる
・食べてみたい名物料理を食べるためだけに遠出する
・コンサートや舞台鑑賞に出かける

今一番したいデートプランを書き出してみましょう。恋人がいたら、こんなところへ行きたいな、こんなことをしたいなとイメージしてみるのもおすすめです。それを自分ひとりで実行しましょう。どこかに出かけなくても、おうちで楽しめるデートプランもたくさんありますよね。

これは、毎日が退屈な人に限らず、ひとりの時間が見つけられない人にもおすすめです。ほんの少しの空き時間でも、自分とデートすることで、心が豊かになることでしょう。イライラ、キリキリした気持ちから解放され、本当の自分を取り戻すことができますよ。

誰かと一緒に同じことを楽しむ時間も素敵ですが、ひとりで何かを楽しむのも素敵

です。気兼ねする人がいないから、素の自分になって楽しめます。**相手に合わせる必要もないので、100%の自分時間です。**

自分の「好き」や「楽しい」だけを優先した時間は、女を楽しむ時間でもあるのですよね!

自分を思い切り甘やかす、特別な時間を過ごそう。

HOW TO USE TIME
EFFECTIVELY

いつか出会う あの人のために 女を磨く

私はニューヨークに住み始め、いろいろな人と知り合ううちに、とても素敵なことに気づきました。

それは、**恋人募集中の女性のほうが、交際相手がいる人よりも女磨きを楽しみながら頑張っている**ということです。

大減量に成功し、イタリア留学を決意した友人のリサもシングルです。いつか出会う運命の人のために、女磨きには余念がありません。運動を取り入れた健康的な生活習慣、全身脱毛に歯のお手入れ。デートの予定がなくても、身体のお手入れは完璧です。

もちろん、美しさは見た目のキレイさに限ったものではありませんが、自分がハッピーに感じる見た目を保つ心意気が、すでに誰かに恋しているかのようなのです。

彼女は、いつか運命の人に、「リサ、今夜の君は美しいよ」と言ってもらいたいそうです。西洋の文化では、愛する女性を褒めるのが愛の証のようなもので、"You look beautiful tonight!" という言葉はよく耳にします。

日本人としては、目を見つめながらそんなことを言われたら、小っ恥ずかしいような、照れちゃうような、どう返事していいのかモゾモゾしてしまいそうなセリフですよね。しかし、アメリカの女性は、愛する男性からの褒め言葉に恥ずかしがったりしません。堂々と、かつ愛らしく微笑みながら "Thank you." です。

運命の人とは、まだ出会っていないだけ。いつか必ず出会える。

こんなふうに考えるのって素敵ですよね。

たとえば、離婚で傷心の方もいらっしゃるでしょう。離婚は結婚以上にエネルギーが必要なことですから、心身の疲労も大変だったことと思います。しかし、離婚は結婚生活の終わりというだけで、決して女としてのあなたが終わったわけではありません。別れた彼が、運命の人ではなかっただけです。本当のパートナー、人生を一緒に歩む運命の人とは、まだ出会っていないということなのですね。

これは、失恋も同じです。彼を忘れることは、簡単にはできないかもしれませんが、彼に恋する気持ちにはピリオドを打ちましょう。そして、自分の気持ちを「まだ出会っていない運命の人」に向けましょう。

運命の人に出会ったとき、あなたはどんな話がしたいですか？

最近観た映画、読んでいる本、気になるニュース、スポーツや健康の話、美術や音楽の話など、どんな分野の話がしたいのかを考え、知識を得たり教養を磨いておくのも楽しいですよね。

見た目で惹きつけ、会話で惹きつけ、内面の人間的魅力でも彼をググッと引き寄せる。そんな女であるために、今日も女磨きを楽しみながら、シングルライフを満喫していきましょう！

「恋してるの？」と聞かれるほどハッピーな外見と内面を手に入れる。

HOW TO USE TIME EFFECTIVELY

空きびんでクリエイティビティを高める

真っ赤に染まった夕焼け空がだんだんと暗くなり、星がきらめき始めました。

ニューヨークから車で約3時間のリリーのカントリーハウスの周辺は、空気がきれいで、夕闇に輝く星の美しさはマンハッタンで見るものとは比較にならないほどでした。

私はお庭に面したポーチに並べられたロッキングチェアに座り、夕暮れどきを楽しんでいました。リリーが焼いてくれているソーセージの香ばしい匂いがふんわりと周囲にただよい、静寂に耳をすますと、どこからか虫の声が聞こえてきます。

幸せはこんな日常のワンシーンにもたくさんあるものだと感じながら、椅子をユラユラ揺らしていると、「エリカ、光り出したよ」とリリーが静かにささやきました。視線を星空からお庭のほうに向けると、たくさんの光がついたり消えたりしながら浮いていました。そこには無数の蛍が飛んでいたのです。

言葉を忘れて見とれている間に日は暮れ、あたりは真っ暗になっていました。

ひとときを心地よくする小さな演出

リリーはガーデンテーブルのガラスびんに入ったキャンドルに火を灯すと、焼きたてのソーセージをお皿に盛りつけ、キャベツのソテーを横に添えました。私たちはお野菜たっぷりのサラダと冷えたワインと共に、ドイツ料理の夜を楽しみました。

ディナーが終わるころ、ガラスびんのキャンドルも消え始めました。レストランなどでも使われる小さなキャンドルは、20個単位で売られています。キャンドル用のケースに入れたり小皿を利用したり、使い方は人それぞれです。

リリーは、海で拾ってきた砂と貝殻を空きびんに入れ、真ん中にキャンドルを置いていました。ここは山の中ですが、キャンドルだけを見ていると、まるで浜辺にいるような気分です。

こうした小さな演出でそのひとときを心地よいものにする計らいが、彼女はとても上手で、特に空きびんの使い方が上手なのです。インテリアとして再利用することを考え、並べたときに統一感が出ておしゃれになるよう意識して同じサイズを買うことや、中身が空っぽになった後に、今回のキャンドルのようにもうひとつの楽しみが残っていることを教えてくれました。

自分が考えつかないアイディアを持つ人との出会いは、本当に楽しいものですよね。リリーのカントリーハウスには、確かに空きびんがたくさんあります。

・バスソルト
・石鹸
・パスタ
・ペン
・文房具のクリップ
・観葉植物
・ナッツなどのおつまみ
・キャンドル

どれも、ぴったりの空きびんが使われています。たとえば、大きなジャムの空きびんに、ホテルのバスルームに置いてあるような薄くて小さい来客用の石鹸を3つ重ねて入れていたりします。ガラスに入っていると、見せる収納＋インテリアのようでもあり、リリーの手作りの温かみも感じられて、とても素敵なのです。

さらに、食材の入っていた空きびんというのは、割れにくいという利点もあります。

このような生活の知恵や、日常を楽しむ意識が欠如していた私は、さっそくリリーの真似をし始めました。海に行くたびに貝殻を拾い、空きびんに入れたキャンドルをバスルームに置いています。明りに照らされて光る貝殻を眺めていると、心からリラックスできます。

空きびんのリサイクルを楽しむ。ぜひ、あなたも試してみてくださいね。

日常の工夫を楽しむ時間が、新しい魅力をつくりだす。

HOW TO USE TIME
EFFECTIVELY

一生思い出に残るお誕生日を企画する

お誕生日は何歳になっても嬉しいものですよね。自分へのプレゼントを選んだり、どこでお祝いしようかと考えたりする時間は、一年に一度だけの貴重なひとときとも言えます。

しかし、お誕生日がくることを気重に感じる方もいらっしゃるかもしれません。

またひとつ年が増える、こんな年になってしまった、もうアラサーとは言えないなど、複雑な心情が入り混じるようなら、「年齢」と「お誕生日」は分ける意識を持ちましょう。七夕やクリスマス、お正月のように、「7月7日」「12月25日」「1月1日」と、日にちでワクワクする意識です。「何年」「何歳」なんて、横に置いておきましょう。

ニューヨークで出会った人たちのお誕生日の過ごし

方は、人それぞれ何かしらのこだわりがあり、話を聞くたびに幸せのおすそ分けをもらいます。

・遠くに住んでいる祖父母を訪ねる人
・お誕生日から新しい手帳をスタートさせる人
・パジャマとベッドリネンを新調する人
・フォトグラファーに写真を撮ってもらう人

お誕生日の数だけ過ごし方があります。**特別な日を特別に過ごすのは、自分を大切にしていること**なのですよね。

私も友人たちから影響を受け、毎年「一生思い出に残るお誕生日にしよう」と計画を立てています。それを実行するのは、まるで夢を実現させるようでワクワクします。

私は可能なかぎり、命を授けてくれた両親に会いに日本に帰国しています。母とふたりでバースデーランチに出かけたり、両親と3人でお祝いしたり、一緒に過ごし感謝の気持ちを伝えることが、私にとっては一生思い出に残るお誕生日となっています。

友人のカイリーは、一生思い出に残るお誕生日の行事のひとつとして、自分にバースデーカードを贈っています。カイリーの場合は「〇歳のあなたへ」というタイトルで年齢を書いていますが、趣があり心に響きます。

あなたは、お誕生日をどんなふうに過ごしたいですか？　誰かに祝ってもらいたいと依存するのではなく、自分で「一生思い出に残るお誕生日」を企画してみましょう。毎年新しく始まる一日を一生忘れないって、素敵ですよね！

誕生日は年をとる日ではなく、「自分をお祝いする日」と決める。

HOW TO USE TIME
EFFECTIVELY

たまには身の丈以上のものを求めて背伸びする

「持ち物や暮らしぶりは、身の丈に合ったものを選びなさい」と言われます。身の丈に合うとは、無理をせず自分に合ったという意味ですが、身の丈がなかなか思うように伸びないことってありますよね。

いつまでたっても同じ場所から抜け出せないことをストレスに感じたり、途方に暮れたりしていては、伸びるチャンスを失ってしまいます。

たまには、身の丈以上のものを求めて、背伸びしてみましょう。今の自分にはまだ不釣り合いな世界を垣間見たり、体験したりするのは楽しいものです。また、その体験が「いつかここが身の丈になるように頑張ろう」と、モチベーションアップにもつながります。

これは決して、赤字覚悟でエルメスのバーキンを買いましょうというすすめではありません。いつもはセーブしていることを、背伸びをしたら手が届く程度まで、たまには解禁してみましょうという提案です。

たとえば、

・買い替えどきの美容液を、ワンランク上のものにしてみる
・ケーキセットに含まれていない、お高いケーキを注文する
・パーティーに主役級のロングドレスを着ていく
・片道だけグリーン車に乗ってみる
・旅先でオーシャンフロントの部屋に泊まる
・敷居の高いレストランでランチを食べる

理想の自分の姿を想像し、いつかこんな日常を過ごす人になりたいということを体験することで、それを叶えていけます。**実際に体験すると、思いが強くなる分、そこに近づこうと自分に決意させる力が働きます。**

「自分はここまで」と線を引いてしまうのではなく、身の丈をどんどん伸ばす意識を持ちましょう。

背伸びをして買った上質なシャンプーを使えば気分が高まり、いつもこのくらいの

ものを使いたいという思いが芽生え、背伸びをして行ってみた場所で素敵な人を見かければ、私もいつかあんなふうになりたいと憧れの気持ちを抱くことでしょう。今はそのライフスタイルは無理でも、少しずつ近づけていくことはできます。「いつか必ず」と夢に描くから頑張れるし、挑戦していけるのですよね。そして何より、楽しみながら伸びていけます。

自分の目指すところを体験する背伸びは、負担のない範囲内でどんどん取り入れていきましょう。

人生、花が開くのはこれからです。自分の人生を小さくまとめて考えたりせず、大きくとらえていきましょう。バラ色の人生を思い描けば、人生は美しいバラ色に染まるのですよね！

背伸びは「未来の自分」への投資。

第6章

大切な人に捧げる時間

MAKE TIME FOR MYSELF

HOW TO USE TIME
EFFECTIVELY

一番近くにいてくれる人を笑顔にする

毎朝、地下鉄構内への出入り口に立ち、階段を上がってくる人に「グッドモーニング、グッドモーニング」と挨拶しながらフリーペーパーを配っている人がいます。

今朝もタイミングよく差し出された冊子を、反射的に「ありがとう」と受け取りました。ほとんどが広告ですが、レストラン情報や話題のニュースは、ちょっとした隙間時間の気分転換に最適です。

この冊子を手に持ち、右に曲がるとストリート・ベンダーが数台並んでいます。いつものようにコーヒーを買うため並んでいると、後ろから「グッドモーニング」と爽やかな声が聞こえました。振り向くと、同じオフィスビルのマイクです。

以前は毎朝ここで顔を合わせていたのですが、ここ数カ月見かけませんでした。聞くほどのことでもないので、エレベーターで会っても話題にすることはありませんでしたが、その日は聞いてみました。

マイクが朝のベンダーに並ぶのを止めたのは、奥さんが作ってくれる朝食を食べることにしたからだそうです。今までは、テーブルの上の朝食をチラッと見るだけで、一口も食べずに家を出ていたそうなのです。

マイクは、自分が朝食を食べないことを知っているのに毎朝毎朝作り続ける奥さんに、イライラしていました。そしてある日、ついにイライラが頂点に達し、彼女に問いただしたそうです。「僕は朝食を食べないのに、なぜ毎日作るんだ？　この時間が無駄だと気づいていないのか？」と。

すると彼女は、「時間よりも大切なものがある」と言ったそうです。「あなたの笑顔のために捧げる時間は、無駄なんかじゃない。それが愛じゃないの？」

マイクはハンマーで頭を殴られた気分になり、時間がない、もう行かなきゃという理由だけで、早起きして自分のために時間を割いてくれている大切な人をないがしろにしてきたことに気づいたそうです。

それ以来、毎朝30分早起きしてハッピーブレックファーストを食べ、幸せな気持ちで家を出ることにしたそうです。すると、朝から気分は最高、仕事も快調、感謝や愛にあふれた1日になると教えてくれました。

栄養たっぷりの朝食で家族をハッピーに

毎朝、家族も自分も笑顔になれる朝食を用意するって素敵ですよね。

ニューヨークでは、「美しい人は朝食にアボカドを欠かさない」と言われています。

アボカドはビタミンEをはじめとした各種ビタミン、ミネラル、さらに食物繊維が豊富で、世界一栄養価の高い果物としてギネスブックに記録されているほどです。

種をくりぬいた部分にいろいろなものを詰めて、スプーンで実と一緒にいただく食べ方が人気です。

詰めるものは何でもいいのですが、たとえばこんなレシピがあります。

・ツナを詰め、チーズを載せてオーブンで焼く
・小エビをマヨネーズで和えて詰める
・卵の黄身を入れてオーブンで焼く（白身は焼いて横に添える）

・モッツァレラチーズとプチトマトをバルサミコ酢で和えて入れる
・まぐろと大葉の和え物を詰める
カリカリに焼いたトーストに載せたり、クロワッサンにはさんでも美味しいアボカド料理は、短時間でできる栄養たっぷりの一品です。

誰かの笑顔が私を元気にしてくれる。誰かが「ありがとう」と喜んでくれることに捧げる時間は、何よりも尊いものです。それに、幸せが自分に跳ね返り、相手よりも自分の方が笑顔になれるのですよね。

笑顔を思い浮かべながらやれば、家事も楽しくなってくる。

たまには同僚と飲んでみる

あなたは、職場の上司や同僚は職場でだけ顔を合わせる人だと、キッパリ線を引いていますか？　職場の飲み会には参加しない、就業時間が終わってまで一緒に過ごすなんて、時間がもったいないと感じる方もいらっしゃるかもしれません。

日本と同様に、アメリカにも「ハッピーアワー」と呼ばれる、飲食店がアルコール類を割引サービスする時間帯があります。4時ごろから7時ごろまでで、仕事が終わった後に「軽く一杯ハッピータイム」というようなニュアンスの時間です。

ニューヨーカーは、オンとオフをしっかりと分けたライフスタイルを大切にしていますので、仕事の後の過ごし方も充実している人が多くいます。

趣味のお稽古ごとやスポーツをしたり、学校へ通ったり、ペットとの時間を楽しんだりと、みんな何かしらのスケジュールを立てていますが、ハッピーアワーを楽しむことにも余念がありません。これは、いつまでも延々と続く飲み会のような位置づけではなく、ハッピーアワーの終わる7時ごろまで、同僚たちとの交流を楽しむのです。

このように**時間に区切りがあると、帰るタイミングを逃して次の予定に影響することがないので、心底楽しめます。**

同僚は、あなたの頑張りを一番近くで見ている人

職場で毎日嫌というほど顔を合わせている同僚と、仕事が終わってまで一緒に過ごすなんて苦痛だと感じるとしたら、ほんの少し考え方を変えてみましょう。

同僚は、自分の頑張りを一番よく見てくれている人です。何に努力し、何に失望し、何に対して不満を抱いているのか。それを、家族や友人、パートナーよりも理解してくれる人です。

あなたが上司に叱られ、会議で失敗し落ち込んでいる気持ちを汲んでくれるのも、職場で長時間を共にする同僚です。あなたが疲れ切っている理由を、口にしなくても

わかってくれているのも同僚です。

また、お客さんから褒められ、成績が上がった喜びを自分のことのように感じてくれるのも職場の人たちではないでしょうか。

この人とは気が合わないし、一緒にいても楽しくないと感じていても、実はその人があなたのことを一番理解してくれているかもしれません。

ハッピーアワーを一緒に楽しむことがきっかけとなり、同僚との絆が生まれることがあります。上司への不満、会社への落胆を「そうだよね。そうだよね」と聞いてくれるだけで、また明日から元気に頑張れることもあります。

また、同僚の、自分とは違う考え方を知ることで、視野が狭まっていたことに気づくかもしれません。失敗続きの自分に、別のやり方を教えてくれるかもしれません。

一緒に過ごす時間がなければできなかった深い話が、自分にプラスを運んできてくれることがあるのですよね。


同僚を愚痴の聞き役にするのではなく、職場で自分のことを一番理解してくれる仲間として、チームの連帯感を深める時間を持つのはいいことです。

同僚は、言うなればクルーです。一緒に船を漕ぐ人と過ごす時間は、航海をより楽しく実りあるものにしてくれます。たまには「気が合わない」を横に置いて、職場の仲間とハッピーアワーを楽しみましょう！

苦楽を共にしているからこそ、わかり合えることがある。

HOW TO USE TIME
EFFECTIVELY

「お久しぶり！」の連絡をしてみる

その日、メールボックスを開けてみると、5年以上前にニューヨークを離れた友人のケリーからメールが届いていました。転居後しばらくは近況報告のやり取りをしていましたが、いつしか音信が途絶え、すっかり疎遠になっていました。

久しぶりに見かけた名前にウキウキしながらメールを開いてみると、来月ニューヨークに仕事で行くので、予定が合うなら会いましょうというお誘いでした。私は早速、共通の友人たちにメールを転送しました。

ケリーが連絡をしてくれたことで、久しぶりに連絡する友人もいて、いつしか疎遠になっている友人が多いことに気づきました。

共通性が薄れることで疎遠になるのは自然なことですが、仕事へのアドバイスをたくさんもらっていたのに、そのままになっていることも思い出しました。

あのときは、自分のことだけで精一杯で、自分がしてあげられることはないかと考える余裕すらありませんでした。そんな不人情な一面のあった自分を、昔と同じように受け入れてくれるだろうかと、私は考え始めていました。そして、私はケリーとみんなが集まったときに、「あのときは本当にありがとう」と、お礼を言うことに決めました。

翌月、ケリーがヨーロッパからニューヨークにやって来ました。連絡した共通の友人たちも集まり、誰もが「お久しぶり」の関係でしたが、年月の経過を感じさせない昔のままのつながりがそこに存在していました。

意外だったのは、誰もが私と同じ気持ちを抱いていたことです。いつしか疎遠になり、届いたメールに返事をしないまま歳月が経過したことを、申し訳なかったと感じていたのです。しかし誰ひとりとして、そんなことを気にしていませんでした。

連絡がないのは元気な証拠で、そんな時間や余裕もないほど毎日を一生懸命生きているということなのですよね。

そんなふうにポジティブに相手の側に立って考えることができるのは、なんて素敵なことだろうと心が救われました。そして、昔と変わらない友情に胸が熱くなりました。

返事が来なくても気にしない

連絡したのに返事が来なかったり、もらったメールに返事をしそびれて月日が経過していると、どこか気になるものですよね。

疎遠になった友人に「お久しぶり！」のメールを送ってみましょう。

もしかしたら、相手は応えてくれないかもしれません。でも、返事は相手にゆだねる部分ですから結果は気にせず、「お久しぶりです。お元気ですか？」と声をかけてみましょう。

気になっていることをそのまま放置せず、「途切れてしまった縁をつなげる時間」を持ちましょう。そうすることで、昔とは違った距離感の友情が再開するかもしれません。

自分の人生のワンステージに存在してくれたお礼を言いそびれたままにせず、「あのときは本当にありがとう」と笑顔で言える機会を作っていきたいですよね。

そして、「またいつか会おうね」と、未来の約束をできる人がどこかにいるって素敵なことです。

気軽な連絡で、ゆるやかなつながりを保ち続ける。

HOW TO USE TIME
EFFECTIVELY

疲れを癒してくれる かわいい家族と過ごす

ニューヨークの街を歩いていると、目が釘付けになるほどかわいい犬をよく見かけます。

今でも鮮明に記憶に残っているのは、腕時計をしているブルドッグに出会ったことです。子供用の腕時計をアクセサリーとしてつけていたのですが、短い手にパーフェクトに似合っていて、あのブルちゃんと出会えたおかげで、その日がハッピーになりました。

蝶ネクタイやカチューシャをつけたり、自分の持ち物を自分のリュックに入れて背負ったりして颯爽と歩く犬たちは、ニューヨークの名物でもあります。

10月のハロウィンには、ペットとオーナーの仮装大会も行われ、そのレベルの高さは圧巻です。私も友人の応援に行ったことがありますが、見事な仮装に大笑いし、それは楽しい時間でした。ペットと一緒に同じ目標に向けて頑張ることが、どれほど楽しいことなのかも伝わってきました。
こんな時間は、息苦しい人間社会での出来事から解放され、心安らぎますよね。

ニューヨークは地価が高く、家賃と広さが比例しない都市です。日中おうちで留守番の犬たちは、自由に走り回れる空間も狭く、ストレスを感じるものです。経済的に余裕のある人たちは、犬の保育園のような施設に毎日連れて行きますが、それはほんの限られた人たちだけです。

そこで、ニューヨークの公園には、たいてい「ドッグラン」というスペースがあります。その囲いの中では、リードを外した犬たちが自由に走り回ることができます。他の犬たちと一緒に遊んだり、ひとり気ままに遊んだり、心ゆくまで走りまわったりする彼らを、オーナーは優しい目で見つめています。

「ねえ、ねえ、遊んで」とシッポを振って寄ってきたら、持ってきたボールを投げてあげます。すると飛び跳ねるように走っていって、ボールをくわえてオーナーの元に戻ってきます。何度も繰り返し楽しそうに遊んでいる姿は、小さな子供と同じです。

ニューヨークはペットに優しい街、ペットを愛する人が集う街です。多くのショップの入り口には、ペット用のお水が用意され、渇いたのどを潤せるように準備されています。「のどが渇いた」と言えない家族を大切にする文化が根づいているのです。

人間社会で生きる24時間の中に、動物と過ごす時間を持つことは、本当に心癒されることなのですね。裏表などない純粋な瞳を見ているだけで、疲れが吹き飛び、明日の活力となるのかもしれません。

何があっても、自分をいつも同じように受け入れてくれる。玄関の鍵をガチャガチャとした瞬間に、「お帰り！」と一番に飛んで来て出迎えてくれるかわいい家族は、「飼っている」というよりも、「一緒に生活している」という表現がピッタリです。

犬に限らず、猫、小鳥、ハムスターなど、言葉での交流はできなくても、深い愛情で結ばれたかわいい家族との時間は、人生をより豊かにしてくれるでしょう。

新しい家族を迎えたら、生活がガラリと変わるかも。

HOW TO USE TIME EFFECTIVELY

結婚する前に「離婚の危機を防ぐ方法」を考えておく

2組に1組が離婚すると言われているアメリカでも、いつまでも幸せなパートナーライフを満喫しているカップルはたくさんいます。

アメリカの離婚の三大理由は、「お金遣いの荒さ」「会話がなくなったこと」「心が離れてしまったこと」といわれています。お金遣いの荒さは、どちらか一方に問題があることで、ふたりで解決できることではありませんが、残りのふたつ「会話と心」は、日頃の心がけで防いでいけます。

私の友人で幸せな結婚生活を送っている人たちは、この「会話と心」をすごく大切にしています。だから、離婚につながるようなすれ違いは発生しません。

どんな人と結婚すれば、自分は幸せになれるのだろう。これはシングルにとっては人生最大のテーマでもありますよね。

大なり小なり、誰もが自分の理想のタイプや条件を持っています。こんなライフスタイルを送りたいから、未来の旦那さんはこんな職業の人がいい、こんな生活ランクが日常になっている人がいい。年に一度は海外旅行に行こうと計画を立てる人、趣味を持っている人、友人の多い人、家族を大切にしている人など、条件をあげればどんどん出てくるものです。

そんなふうにパートナーのことを考える時間は、夢と希望でウキウキするものです。


しかし、理想の人と出会い、恋に落ち、結婚したとしても、離婚してしまえば理想の生活を実現することはできません。となると、結婚を考えるのと同時に、離婚の危機を防ぐ方法も併せて考えておく必要があります。

ニューヨークで幸せなパートナーライフを営んでいる友人たちを見ると、このいわゆる「危険回避」の思考が素晴らしいのです。**出会ったばかりのときは、情熱的に愛し合うことができますが、酸欠状態になると炎は弱まり始めます。それを放置してしまうから、愛の炎はしだいに消えていき、会話がなくなり心が離れてしまうのです。**

長年愛し合い、楽しく幸せな生活を続けているカップルは、酸欠が起こらないように、愛の炎がボンボン燃える工夫を怠りません。

「結果」を見るより「気持ち」に感謝する

友人のクリスティーナには、10年近く付き合っている恋人がいます。法律上の結婚はしていませんが、事実婚のようなパートナーライフを送っています。

彼は毎年クリスマスに、彼女に石鹸をプレゼントします。恋人ならば、もっとロマンチックなものや、高価なものを贈るものですが、彼はいつも石鹸なのです。

そんな彼女が私に教えてくれたのが、「プレゼントは気持ちの贈り物」だということでした。受け取るのは物ではなく、それを選んでくれた気持ち。その気持ちを喜ぶものなんだよ、と。これは、すごく大きな学びになりました。

その幸せカップルのクリスティーナを見ていると、プレゼントに限らず、気持ちに感謝することを欠かしません。もし、出来事や結果が最悪であっても、それを責めたりはしません。いつも、見るのは結果ではなく気持ちです。

以前、こんな出来事があったことを教えてくれました。雨の日に、荷物が多いから車で迎えにきて欲しいとクリスティーナは彼に連絡を入れました。ふだんなら7、8分の距離ですが、この日は10分、20分、30分、いくら待っても彼はやって来ません。

こんなことなら、タクシーで帰ったほうがよほど早く、時間が節約できたと心の中で考え始めました。しかし、運転中の彼には連絡できないのでひたすら待ち続け、40分後にやっと彼の車がやって来ました。


こんなとき、「どうしてこんなに時間がかかるのよ！」とイライラを爆発させてしまう人も大勢いると思います。しかし、クリスティーナは、このような場面では結果に対して絶対に怒りません。約束通り迎えに来てくれたことに感謝します。「迎えに来てくれてありがとう」と微笑みながら、キスをします。

彼女をどれだけ待たせたかを一番よくわかっているのは彼であり、クリスティーナに対して悪いことをしてしまったと辛い気持ちを抱えているのも彼です。

車が走り出してからも、クリスティーナはどうして遅れたのかは聞きません。それよりも、今日はこんな1日だったといつものような会話を楽しみます。

次第に彼の気持ちも落ち着き、「遅くなってごめんね。実は、近道しようと思ったら、作業車が道をふさいでいて、バックしようにもできず大渋滞にはまってしまったんだ」と言いました。雨の中待っているクリスティーナを、できる限り早くピックアップしてあげようとした行動が災いとなってしまったのです。

クリスティーナは、「そうだったの。それは大変だったね。ストレスかけちゃったね」と彼を労《ねぎら》います。彼は感謝の気持ちを大切にするクリスティーナのことがもっと好きになり、ふたりの気持ちが離れることはありません。

これが、彼女が私に教えてくれた、「気持ちに感謝することを、結果よりも大切にする」ということなのです。

理想の彼に出会い、愛し合い、結婚し、幸せなパートナーライフを続けるには、「会話」と「心が離れないためのお互いの努力」が必要です。考えることをせず、自然に任せていれば、感情のぶつけ合いになったり、すれ違いが発生したりしてしまいます。

クリスティーナをはじめ、幸せなパートナーライフを送っている友人たちが大切にしていることは、

・気持ちに感謝すること

・毎日お互いを褒めあうこと
・「あなたのためにしたのに」など、犠牲にまつわる言葉を使わないこと
・過去の出来事を持ち出さないこと
・同じ趣味や目標を持つこと

これらを大切にすることが、幸せな結婚生活の秘訣です。
結婚する前、運命の人に出会う前から心得ておくことで、永遠に消えない愛の炎を燃やし続けることができますよ。

愛の炎がボンボン燃え続けるように、酸素を絶やさない。

HOW TO USE TIME EFFECTIVELY

「親に捧げる時間」を意識する

春の気配を感じはじめた4月下旬、私はデリの前を通るたびに、入り口付近に設けられた色鮮やかな花売り場を丹念にチェックしていました。大好きなライラックの入荷を待っていたのです。

ライラックは、ニューヨークに春が来たことを知らせてくれるお花です。なんとも言えない香りと薄紫色の優しい色合いが幸せな気持ちにしてくれます。

金曜日の午後、久しぶりに起業家の先輩、ルーカスとランチを楽しみ、デリの前を通り過ぎると、入り口にたくさんのライラックが並んでいました。

オフィス用と自宅用に、たくさん買って帰ろうとルーカスを引き留めました。そして、ご馳走してくれたランチのお礼にライラックをプレゼントしようと考えつきました。そういえば、彼のお父さんが亡くなったのは4月下旬だったので、週末、お墓参りにライラックを持っていくのも名案だと考えたのです。

するよ、「エリカ、僕はまだ両親のお墓に行ったことがないんだ」と言いました。

ルーカスのお母さんは、もう随分前に他界されています。それなのにお墓に行ったことがないということは、お墓参りをしたことがないということ？　私は混乱した頭でルーカスに確認しました。答えは「イエス」でした。

今もご両親が死んだことを受け入れられないから、お墓には行く気になれないと教えてくれました。

もう会えない人だとは思いたくないという気持ちが伝わってきて、私の目からは涙があふれてきました。これが本当の愛なのではないかと感じたのです。動けないでいる私に、結局ルーカスがライラックの花を買ってくれました。

道々、話題は親孝行のことになりました。お墓参りに行くことが親孝行だという人もいるけれど、彼は一生懸命頑張って生きることが親孝行であり、両親はそんな自分を誇りに思ってくれていると言いました。

親孝行とは、親が誇りに思える子供でいること。それは、有名になるとか、お金持ちになることではなく、一生懸命生きていること、幸せに楽しく元気に生活していることだと教えてくれました。

本当にその通りかもしれません。親は、子供が元気で幸せでいてくれることが一番嬉しいものです。そして、「頑張っているよ」と近況報告が届いたり、「こんな辛いことがあったんだ」と昔のように相談を受け、アドバイスをしたりすることも嬉しいものです。

いつか必ず、お別れの日は来るから

家族の数だけ、親孝行の形は違います。お金や品物のプレゼントで感謝を伝えることもあれば、気持ちや行動で伝えることもあるでしょう。これらに甲乙はつけられません。親が喜んでくれれば、どんな親孝行も最高です。

あわただしい日常の中で、離れて暮らす親との時間は限られてしまうものですが、それでも、少しの時間を見つけて捧げることを大切にしていきましょう。電話をする、メールをする、カードや絵ハガキを送る、実家に遊びに行く、病院や買い物に一緒に行くなど、日常の行動を共にするのもいいものですよね。

そして何より、一緒に笑い、一緒に楽しむ親孝行もおすすめです。たとえば、一緒にキッチンに立ってお料理をする、カラオケで歌う、ドライブする、旅行に行く、ゲームをするなどの時間はかけがえのないものです。

親はもう高齢だからと年寄り扱いするのではなく、昔と同じ親子としての立ち位置を保つのが、親への敬意であり愛情です。一つひとつの行動に時間がかかっても、忘れ物や勘違いをしても、大きな優しさで接することを大切にしましょう。

自分が子供だったころ、親は同じように大きな優しさで包み込んでくれましたよね。今までたくさん与えてもらった愛や優しさを、今度は自分がお返しする番です。

そして、育ててくれたことや、今も引き続き自分のことを心配し、愛情を注いでくれることに感謝しましょう。

永遠には一緒にいられないからこそ、一分一秒の価値ははかりしれません。明日、明日と引き延ばしても、いつか必ず、その明日が来ない日が訪れます。

大切な人には、その思いを伝えましょう。相手が笑顔になってくれる時間を捧げていきましょうね！

〝親孝行〟な生き方をし、親と一緒に過ごす時間をつくる。

HOW TO USE TIME
EFFECTIVELY

自分が思うよりも「はるかに素敵な自分」に気づく

他人との比較に巻き込まれず、競争せずに自分らしく生きていきたい。そう思っていても、知らず知らずのうちに、周囲に巻き込まれ、自信を失ってしまうことがあります。

言いようのない不安に包まれ、自分のやっていることが正しいのか間違いなのかがわからない。自分の選択が幸せにつながるのか、不幸につながるのかがわからない。考えても答えが出ないから、つい周囲を見てしまう。そして比較して自己嫌悪に陥ってしまうのですね。これが負のスパイラルです。

もし、あなたが負のスパイラルに陥っているとしたら、目の前に子供のころの自分が立っていると想像してみましょう。あなたは、これから成長する子供のころの自分に教えてあげたいことがありますか？　壁を乗り越え、前に進めるように、アドバイスしてあげたいことがありますか？
きっと、小さな日常のことから、人生を生き抜く術まで山ほど出てきますよね。
・何かしてもらったら「ありがとう」と言うと、お友達が増えるよ。
・逆上がりができないなら、できるまで諦めずに練習しよう。絶対できるようになるよ。
・悩みごとは自分ひとりで抱え込まず、先生や家族に相談すると早く解決できるよ。
・遠足に行くときは、お友達にあげるお菓子も持っていくと楽しいよ。
・転んだときは、すぐに水で洗ってばんそうこうを貼ればいいんだよ。
・夜道に幽霊が出そうで怖いときは、歌を歌えば幽霊は出ないよ。

あなたには、小さな成功体験がたくさんあり、それらを子供のころの自分に教えてあげられるはずです。自分では気づいていないだけで、あなたは語りつくせないほどのことを経験し、知恵をつけたスマートガールです。

もし、もう少し大きく成長したティーンの自分が目の前に立っていたら、初恋のこと、反抗期で両親とけんかが絶えないときのこと、学校の勉強や進路のことなど、たくさんのアドバイスをしてあげられることでしょう。

あなたは、自分が思う以上に魅力的で輝きあふれる人です。そんな自分に気づく時間を持ちましょう。 そうすることで、負のスパイラルを払いのけることができます。もし、子供のころの自分が目の前にいたら、どんなことを教えてあげたいかを書き出してみましょう。そこに書き出されたことはすべて、あなたが今まで成し遂げてきた小さな成功です。そして、本書でもお伝えしたように、小さな成功が幸せな人生につながっていくのでしたよね。

私がいつも心にとめている、アメリカの医師エドワード・スティーグリッツの素敵な言葉があります。

「大切なのは、人生を何年生きるかではなく
イキイキとした人生を何年送ったかである」

(The important thing to you is not how many years in your life, but how much life in your years!)

幸せな人生とは、流れる時間のなかにどれだけイキイキとした自分がいるかです。

さあ、今日から活力みなぎる、元気いっぱいな毎日を過ごしましょう。ネガティブな気持ちは払いのけて、自分を信じて、自分らしく輝いていきましょう。

人生というかけがえのない時間を、
誰よりも大切な自分へ捧げましょう！

あとがき

時間を大切に生きてこなかった悔いというのは、誰にでもあるものですよね。

私も「時の概念」について深く考える前は、「まだまだ時間はある」とのん気な考えで生きていました。

思い起こせば、試験勉強はいつも一夜漬けでした。結果はもちろん最悪です。なのに、それを反省することもなく、また同じことを繰り返していました。

今、こんな自分を振り返り、本当に浅はかだったと涙を流すのかと言えば、それは違います。自分の愚かさに気づけて良かった！　と嬉しく思います。どんなことも、「今」からその大反省を人生に生かしていけばいいのですよね。

人生は他人との競争ではありません。どちらが早く目的地に到達するか、どちらが早く成功するかといった「時間競争」ではありません。

人それぞれ、自分のペースがあります。周囲と足並みを揃えることに意識を向けるよりも、自分の一歩一歩の歩みに目を向けましょう。自分らしく進むのが一番です。

もし、これには時間をかけようと思うことがあるのなら、納得のいくまで時間をかけてみましょう。失敗続きで数年経過したとしても、焦ることはありません。自分の人生は自分の時間、自分でクリエイトしていけばいいのです。

無駄にした時間を後悔で終わらせない、無意味なものにしない意識も大切です。無駄からの学びは大きいですよ。無駄をネガティブでマイナスなこととせず、どんどんプラスに変換させていきましょう。

最後に、いつも応援してくれる私の父と母、そして私の記念すべきデビュー作『ニューヨークの女性の「強く美しく」生きる方法』、2作目の『ニューヨークの女性の「自分を信じて輝く」方法』に続き、8作目となる本書も一緒に作り上げてくださった大和書房の鈴木萌さん、ありがとうございました。心からお礼を申し上げます。

そして、本書を最後までお読みくださった皆さま、いつも私や「Erica in Style」ブランド（おかげさまで本年3月に売却いたしました）を応援してくださっている皆さまに、心からの感謝を込めて。

2017年初夏　ニューヨークにて　エリカ

文庫版あとがき

本書を書いた2017年夏、まさか3年後にコロナウイルスが全世界を襲い人々の生活が激変することになるとは想像すらしませんでした。

厳しい外出禁止令が敷かれた暮らしの中で、多くの人々は今まで当たり前に与えられていた時間を懐かしみ、時の価値に気づき、深く考えるきっかけになりました。

きっとあなたも「今という時間は二度と戻らない」の意味を、コロナにより再認識し、時間に対する価値観が変わったのではないでしょうか。

ニューヨークでは今まで以上に離婚する人が増え、解雇される前に仕事を辞める人、州外へ転居する人が増加しました。人生観が変わって決断したというよりも、根底に共通するのは「時間を無駄にしたくない」という思いです。本書の言葉で表すと、「限りある時間を自分らしく輝かせながら生きていきたい」ということなのですね。

私も親しい友人がユタ州に引っ越してしまいました。大都会でバリバリ働いていた彼女は仕事を辞め、摩天楼が一望できる素敵なコンドミニアムを解約し、月あかりが道を照らしてくれるような何もない所へ移住を決めたのです。
星座に興味があり星が大好きな彼女は、星空が美しい土地で生きることを選択しました。コロナがなければ決断できなかったどころか、考えもしなかったと話してくれました。お金にならないことに時間を費やすのは浪費だという概念がコロッと180度変わった彼女の笑顔は今までに見たことがないほど晴れ晴れと輝いていました。
先日、そんな彼女から天体望遠鏡をのぞいている写真が届きました。私はその写真をぼんやり眺めながら、コロナで多くのことが消えても「時間だけは目の前から消えない」ことに気づかされたのです。自分が「これをしよう」と思えば、取り組んでみる時間がちゃんと目の前にあるのですよね。

自分らしく生きてこそ自分の人生です。道からそれないように生きるもよし、あえてルートを変えて冒険に出るもよしです。自分がこれでいいと思えば、それが正解ですし、失敗だと思えば修正すればいい。自分の時間を輝かせていきましょうね！

2021年初夏　ニューヨークにて　エリカ

エリカ（Erica Miyasaka）

世界一生きるのが厳しい街と言われるニューヨークで、夢の実現に向け、強く美しく生きる起業家。日系、外資系企業にてビジネスの土台を築き、2003年に単身ニューヨークへ。ファッションコンサルタントのパートナーとして仕事に携わりながら自分らしく、自分の人生を生きる大切さを学ぶ。2010年、ニューヨークで起業、新機能レッグウエアを開発、日米にて意匠権3つを取得。グローバル展開を果たす。2017年、ブランドを売却しエグジットを果たす。起業家として次なる事業の立ち上げに着手している。『ニューヨークの女性の「強く美しく」生きる方法』『ニューヨークの女性の「自分を信じて輝く」方法』（だいわ文庫）など著書多数。

★ブログ ニューヨーク「美しい人」が大切にしていること
https://ameblo.jp/ericainstyle/

★エリカ note
https://note.com/erica_newyork

本作品は小社より二〇一七年七月に刊行されました。

だいわ文庫

ニューヨークの美《うつく》しい人《ひと》をつくる「時間《じかん》の使《つか》い方《かた》」

著者 エリカ

©2021 Erica Printed in Japan

二〇二一年七月一五日第一刷発行

発行者 佐藤 靖

発行所 大和《だいわ》書房

東京都文京区関口一－三三－四 〒一一二－〇〇一四

電話 〇三－三二〇三－四五一一

フォーマットデザイン 鈴木成一デザイン室

本文写真 エリカ、@WavebreakmediaMicro @jovannig @denisismagilov @Laszlo @Rawpixel.com @BestForYou @Stuart Monk @nikolas_jkd/stock.adobe.com

本文印刷 シナノ カバー印刷 山一印刷

製本 小泉製本

ISBN978-4-479-30875-1

乱丁本・落丁本はお取り替えいたします。

http://www.daiwashobo.co.jp